4 000 ANS D'HISTOIRE
de
La CHINE

DU MÊME AUTEUR

Ouvrages en français

- Le Principe Unique de la Science et de la Philosophie d'Extrême-Orient (Vrin, Paris, 1931)
- Le Livre des fleurs (Vrin, 1990, 2ᵉ édition)
- L'Acupuncture et la Médecine d'Extrême-Orient (Vrin, Paris, 1998, 2ᵉ édition)
- Le Livre du Judo (CIMO, Paris, 1989)
- La Philosophie de la Médecine d'Extrême-Orient Le Livre du Jugement Suprême (Vrin, Paris, 1997, 3ᵉ édition)
- Jack et Madame Mitie en Occident (Vrin, Paris, 1991, 2ᵉ édition)
- L'Ère atomique et la Philosophie d'Extrême-Orient (Vrin, Paris, 1989, 2ᵉ édition)
- Le Zen macrobiotique ou l'art du rajeunissement et de la longévité (Vrin, Paris, 1993, 2ᵉ édition)
- Le Cancer et la Philosophie d'Extrême-Orient (Vrin, Paris, 1991)
- 4 000 d'histoire de la Chine (Vrin, Paris, 1998, 2ᵉ édition)
- Le Livre de la vie macrobiotique (Vrin, Paris, 1970)
- Les Deux Grands Indiens au Japon (Vrin, Paris, 1998)
- Clara Schumann et la dialectique du Principe Unique (Kusa, Gent, 1981)
- Gandhi, Un enfant Eternel (Trédaniel, Paris, 1982)

- La Santé et la macrobiotique par Françoise Rivière. Complément du Zen macrobiotique (Vrin, Paris, 1996 2ᵉ édition)

Georges OHSAWA

Georges OHSAWA

(Nyoiti SAKURAZAWA)

4 000 ans d'Histoire

de

La CHINE

PRÉSENTÉ ET TRADUIT DU JAPONAIS

PAR

CLIM YOSHIMI

PARIS

LIBRAIRIE PHILOSOPHIQUE J. VRIN

6, PLACE DE LA SORBONNE, Vᵉ

1998

© *Librairie Philosophique J. VRIN, 1969*

Printed in France

ISBN 2-7116-4136-8

AVANT-PROPOS DU TRADUCTEUR

Ce livre a été écrit en Japonais en 1943. En 1943, c'était la guerre du Pacifique. C'était une période où le peuple Japonais était enivré par les victoires remportées par l'armée Nippone qui était parvenue à occuper la plupart des îles et une grande partie du territoire de l'Océan Pacifique.

L'auteur de ce livre n'était évidemment pas partisan de la guerre, et il prédit dès le début des troubles mondiaux et, le destin tragique du Japon en se référant à sa propre philosophie, profondément originelle : « La nouvelle interprétation du Principe Unique yin-yang ».

En 1941, il avait averti les leaders Japonais en faisant publier les phrases suivantes à la première page d'un de ses livres intitulé : « Au premier front de la santé » :

Aux dirigeants-responsables du Japon,

Au premier KONOYE et à tous les leaders du Japon,

Devant la situation extrêmement importante et critique où nous nous trouvons, si vous ne vous efforcez pas de comprendre et de pratiquer à fond le Principe Unique de la Philosophie traditionnelle d'Extrême-Orient, d'ici moins de 10 ans, vous verrez le Japon tomber dans la profondeur du malheur et de la misère, comme l'Allemagne l'a fait après la guerre de 1914 et comme le fait actuellement la France.

Notez bien que les responsables de la France vaincue ont tous été fusillés !

L'auteur.

Sous un gouvernement militariste, on ne pouvait parler de la défaite du pays sans risquer l'arrestation immédiate, la détention et la peine de mort.

Et en effet, depuis cet avertissement, l'auteur, G. Ohsawa, avait été en butte aux répressions les plus violentes et les plus impitoyables. Dans ce livre de l'Histoire de la Chine, il continue désespérément, à mots couverts, à critiquer le mauvais comportement du Japon.

A la suite de ses publications diverses et de ses activités pacifistes, l'auteur fut arrêté, emprisonné et torturé plus de 10 fois. Aux derniers jours de la guerre, il se trouvait au fin fond d'une prison souterraine, luttant contre la mort, subissant à vitesse lente le supplice de la guillotine, subsistant péniblement au moyen de quelques pommes de terre et d'eau de neige.

Sa prédiction se trouve réalisée non pas « en moins de 10 ans », mais dans les 5 ans, son pays fut plongé dans la misère la plus tragique et tous les leaders responsables de ce drame se retrouvèrent à la potence.

A cette époque G. Ohsawa émit différents jugements précis à propos de l'avenir du monde et de l'humanité. Toutes ses prédictions se réalisèrent l'une après l'autre, comme par exemple la chute d'Hitler, l'assassinat de Gandhi, etc...

Par la suite, ses nouvelles prédictions se réalisèrent également, ou sont actuellement en voie de réalisation : la mort tragique du Président Kennedy, la mort désespérée d'Oppenheimer, la chute de l'empire de l'Or, le suicide de Bridgman, etc...

Ce livre n'est pas une histoire chronologique ordinaire, mais il est basé sur l'histoire de la Chine vieille de 4.000 ans à laquelle l'auteur applique son Principe Unique qui lui permit de faire les prédictions ci-dessus ; c'est ce même Principe yin-yang auquel la Chine a donné naissance il y a 5.000 ans. L'auteur dévoile la cause et le résultat des apparitions et disparitions ainsi que du développement et de la chute des États dans l'histoire de la Chine, et il éclaircit l'avenir du monde en nous dévoilant le vrai visage du bonheur du monde. Son but est la paix mondiale qui sera réalisée par ceux qui obtiendront ce principe millénaire.

Le but de ce livre sera atteint si les lecteurs comprennent que ce Principe Unique vieux de 5.000 ans est celui qui fait le bonheur de l'homme, la paix d'un pays ainsi que celle du monde, et que ce Principe prédit l'avenir de l'humanité pour 10 ans, 100 ans ou même plus.

Jadis le Yi-King s'appelait Livre de l'Empereur ou des Prédictions. Ce livre sur « l'histoire de la Chine » nous fait mieux comprendre le Yin-Yang, le Principe Unique, à travers les événements, de l'Histoire de cette Chine vieille de 4.000 ans.

L'auteur est assez connu par ses œuvres en Français telles que « Le Principe Unique », « La Philosophie de la Médecine d'Extrême-Orient », « Le Zen Macrobiotique », « Le Livre du Judo », « Le Livre des Fleurs ». Nous trouvons aussi dans ses œuvres l'application médicale du Principe Unique.

Ses affirmations et ses directives sont appliquées par d'innombrables personnes dans le monde entier et leur efficacité prouvée partout. C'est la méthode pour établir la santé et réaliser le bonheur en appliquant ce Principe dans la vie quotidienne. Nous recommandons à ceux qui lisent ces lignes concernant le Principe Unique de lire deux ou trois livres de G. Ohsawa afin de mieux assimiler cette forme d'étude.

Le plus vieil aspect du Principe Unique est le Yi-King (le livre des transmutations). Georges Ohsawa déterra la vieille philosophie pratique de Fou-Hi, la traduisit en langage moderne et l'appela le Principe Unique.

Il y a 5.000 ans, Fou-Hi, fondateur du Principe Yin-Yang, constata par son observation-intuition et par sa sagesse que tous les phénomènes et les êtres vivants de l'univers possèdent toujours et sans exception un phénomène et un être vivant opposé : par exemple le jour et la nuit, l'homme et la femme, la vie et la mort, le mouvement et l'inaction, le froid et le chaud, la sécheresse et l'humidité, etc... Il observe aussi que ces deux phénomènes antagonistes se développent et dégénèrent mutuellement, se transmettent de l'un à l'autre, se combinent ensemble, luttent l'un contre l'autre, etc... Il fit un pas de plus et conclut que cet antagonisme apparaît dans le monde visible, car il y a deux facteurs antagonistes qui s'opposent fondamentalement au monde invisible, origine de tous les phénomènes. Il donna les noms yin et yang à ces facteurs antagonistes et jugea que ces deux forces yin et yang bifurquent toujours à partir de l'Infini-UN-TAIKYOKU. Il revint aux phénomènes de yin-yang. Il formula en fin de compte la philosophie yin-yang, créa un principe-école sans précédent : « Tous les phénomènes se composent de Yin et de Yang :

(YIN)	(YANG)
Froid	Chaud
Sombre	Lumineux
Humide	Sec

Léger	Lourd
Haut	Bas
Long	Court
Lent	Rapide
Force centrifuge	Force centripète
Blanc, violet, bleu	Noir, rouge, jaune
...	...

C'est à partir de ce Yi-King que sont tirés les 12 théorèmes suivants. C'est encore à G. Ohsawa que nous devons de pouvoir connaître ces théorèmes, car il les formula de façon simple pour notre compréhension moderne et cela ne s'est jamais trouvé dans aucun livre auparavant.

Toutefois, d'après lui, ils ne peuvent être une création ou une invention sorties de son esprit, car ces théorèmes sont dans le cadre du Principe yin-yang. D'ailleurs, Lao-Tseu cite également ces théorèmes à sa manière dans son livre.

Voici les 12 théorèmes en question :

1. Yin et yang sont deux pôles qui entrent en jeu au point de bifurcation de l'Infini-UN-TAIKYOKU.

2. Yin et yang sont produits continuellement par l'expansion transcendante de l'Infini.

3. Yin est centrifuge, yang centripète. Yin et yang produisent l'énergie.

4. Yin attire yang, yang attire yin.

5. Yin et yang combinés en proportions variables produisent tous les phénomènes.

6. Tous les phénomènes sont éphémères. Ce sont des constitutions infiniment complexes et constamment changeantes des composants yin et yang. Rien n'est immuable.

7. Rien n'est totalement yin ni totalement yang. Même le phénomène apparemment le plus simple contient cette polarité à tous les stades de sa composition.

8. Rien n'est neutre. Yin ou yang sont en excès en chaque cas.

9. La force d'attraction est proportionnelle à la différence des composants yin-yang.

10. Yin repousse yin et yang repousse yang. La répulsion est inversement proportionnelle à la différence des forces yin-yang.

11. A leur extrêmité, yin produit yang et yang produit yin.

12. Tout corps physique est yang en son centre et yin en surface.

Il est dit : « Le Yi-King est grand et infiniment vaste, rien ne peut exister hors de lui et il contient tout ». Ainsi le Principe Unique domine la grande constitution de l'Univers et jusqu'à la constitution de l'âme et du corps humains et se retrouve même au milieu du noyau atomique. Tout est constitué par cette combinaison yin-yang. Toutes les expériences se trouvent dans les livres de G. Oshawa, illustrées par d'innombrables exemples.

Ainsi, comme le dit Ohsawa, l'Histoire est le meilleur des livres de classe pour étudier le Principe Unique.

En ce qui concerne la traduction de ce livre, le traducteur a reçu, il y a déjà 7 ans, les suggestions majeures de l'auteur. Il regrette profondément de n'avoir pu réaliser cette traduction alors que G. Ohsawa était encore de ce monde, cela à cause de ses difficultés linguistiques.

Ce livre est le premier traduit parmi 300 ouvrages en Japonais du même auteur. Prochainement paraîtront deux autres livres dont le premier sera « La Vie Macrobiotique » (au sujet de la pratique macrobiotique) et le second : « Le Jugement de Pasteur » (le yin-yang dans la vie d'un individu).

Le traducteur exprime sa profonde reconnaissance aux amis qui l'ont aidé dans la réalisation et la parution de ce livre.

Cette traduction est offerte au souvenir de feu Maître G. Ohsawa.

CLIM YOSHIMI.

L'HISTOIRE MÉTABIOLOGIQUE DE LA CHINE

« Attendons une centaine d'années, et la Rivière Jaune deviendra limpide... »

1. LES COMPLICATIONS APPORTÉES PAR CONFUCIUS. LA LOI DE TRANSMUTATION

L'histoire est un livre de classe destiné à l'étude du Principe Unique. C'est pourquoi je recommande à ceux qui veulent connaître le Principe Unique de la lire attentivement. Ce n'est pas dans le but d'étudier l'Histoire elle-même, mais pour comprendre le Principe Unique.

L'Histoire est le récit des événements de ce monde par ordre chronologique. C'est pour ainsi dire le grand livre du changement qui advient dans ce monde. Au sens ordinaire, l'Histoire est le récit de toutes les politiques, guerres, religions, et c'est une étude de l'humanité.

Cependant au sens large toutes les études peuvent être considérées comme une sorte d'Histoire. Le grain germe, croît et devient herbe, la montagne se change en plaine, l'homme est une transformation des aliments ; l'Uranium se transmute en radium, qui lui-même se dégrade par radiation, et il en est de même pour toutes les réactions chimiques, la combinaison et la dissolution des divers éléments comme l'hydrogène, l'oxygène, etc... Si l'on veut, toutes les études sont des variétés de l'Histoire, bien qu'au sens ordinaire elles soient le récit du Panta-Rei, de l'unité d'une nation ou d'un état.

Le Principe Unique, qui est le Principe du Changement ou de l'Ordre de l'Univers, peut se traduire en pur Japonais « Principe de MUSUBI ». Musubi signifie combinaison (combination-Verbindung), qui est à l'origine de tous les changements. Si l'on comprend profondément le Principe de MUSUBI, l'on peut prédire et prévoir tous les changements qui vont survenir. On peut donc appeler ce Principe, le Principe de la Vérité ou MAKOTO.

Tous les hommes désirent connaître la vérité ou avoir la capacité de prédire, de prévoir et de juger. Celui qui comprend profondément ce Principe du Changement devient l'homme le plus heureux du monde. Celui qui ne le comprend qu'à moitié se trouve parfois en pleine réussite et parfois au bord de la faillite. S'il réussit dans le domaine matériel, il échouera dans le domaine spirituel, et vice-versa. Celui qui ne l'a compris qu'un peu obtient quelques réussites, mais termine sa vie dans le malheur. Quelquefois, bien que sa vie ait semblé très heureuse, il sera maudit, exclu, oublié, haï, ou bien encore ses enfants deviendront malheureux. Ce que l'on appelle ici le Bonheur, est infini et absolu, et ne saurait en aucun cas dépendre de personnes ou de facteurs extérieurs. Non seulement il ne se transforme pas devant quelque difficulté que ce soit, mais bien plus, il transmute même le malheur et les difficultés en bonheur. Celui qui a saisi correctement et profondément le Principe du Changement et du Panta-Rei mènera une vie heureuse, mourra dans la certitude, sera aimé et respecté par les autres même après sa mort, et ses enfants aussi seront heureux, même si en apparence ils sont malheureux et dénués d'importance.

Cet homme ménera une vie qui indique la « voie » du bonheur, et toutes les personnes de son entourage, enfants, voisins, vivront immanquablement dans le bonheur. Le destin différent de chaque homme et ses aventures diverses sont en apparence si complexes qu'on ne sait plus comment trouver le Bonheur, ni ce qu'il est, ni discerner le vrai du faux. On pense qu'il est impossible de trouver une méthode qui conduise vers le Bonheur, ni le Principe du vrai Bonheur. Cependant la cause même de ce changement sans fin (Panta-Rei), tantôt bonheur inattendu, tantôt malheur accidentel, est très simple. Cette cause est un Principe simple qui englobe tout, qui unifie tout à travers toutes les existences. On l'appelle le Principe de MAKOTO.

Celui qui a découvert le MAKOTO, ou Ordre de l'Univers ou encore Vérité, celui qui le tient dans ses mains, qui porte en permanence les lunettes lui permettant de voir l'Ordre de l'Univers, celui qui suit sa voie ménera immanquablement une vie heureuse. Il y a des milliers de façon d'avoir en apparence une vie heureuse. Et quelles que soient les apparences, j'estime que l'on doit être dans ce cas citoyen du monde du Bonheur Eternel, ce Bonheur inébranlable comme un rocher. C'est pourquoi apprendre, connaître et enseigner ce Principe simple — l'Ordre de l'Univers (yin - yang) — est la chose la plus importante dans la vie. Cette manière d'éducation ne se rencontre presque plus de nos jours. L'éducation ancienne toute entière en Chine et au Japon n'avait pour but que d'enseigner ce Principe : lectures, arrangement des fleurs, cérémonie du thé, maniement des armes, etc... n'étaient que des expédients. Tout entraînement pratiqué autrefois consistait à apprendre l'Ordre de l'Univers.

Si ce Principe était difficile à saisir, le bonheur ne serait donné qu'aux personnes intelligentes et à celles qui ont de l'argent et du temps. Heureusement Dieu n'est pas injuste à ce point. Aussi ce Principe indispensable à la vie n'est-il pas difficile à apprendre ; n'importe qui peut le comprendre, même un enfant. Ce qui est difficile, c'est la pratique nécessaire pour l'assimiler à soi-même. Par exemple, nul ne se noie jamais dans l'eau s'il ne se débat pas. C'est très simple, et si l'on enseigne ce Principe à tout le monde, plus personne ne se noiera. Cependant, même quand on connaît ce principe conceptuellement, on ne peut rester tranquille dans l'eau. On se débat et on se noie. C'est pourquoi l'on doit apprendre ce Principe et s'exercer continuellement à « ne pas bouger pour ne pas se noyer » afin de l'assimiler à fond. C'est dans ce but que l'on apprend à nager. En pratique la natation n'est pas difficile. Ce qui est difficile, c'est d'assimiler à fond le principe « ne pas bouger pour ne pas se noyer ». C'est là la véritable étude, le GYO. La pratique et l'étude nécessaires pour assimiler parfaitement ce principe : « ne pas se noyer », sont la technique et la théorie. Ce principe n'est en réalité qu'une application du Principe du Bonheur ou MAKOTO, du Principe Unique ou Ordre de l'Univers.

Celui qui a découvert et assimilé ce Principe Unique de MAKOTO ou Ordre de l'Univers, devient immanquablement heureux. Ce bonheur est totalement différent du bonheur relatif, il ne s'envole pas en fumée comme l'argent, la force, la puissance, la beauté, les possessions, l'apparente santé physique. Ce Bonheur là est un Bonheur Eternel.

Une race dont le leader se servirait de ce Principe comme d'un compas nécessaire à sa vie quotidienne se développerait rapidement et éternellement de géné-ration en génération. Au contraire, si les dirigeants ignorent totalement ce Principe, ou s'ils n'en appro-fondissent pas la pratique, la race erre et tombe bientôt en ruine. Les dirigeants Japonais d'autrefois avaient découvert et assimilé ce Principe comme étant un appareil guidant la vie quotidienne, ils n'ont jamais fait de ce Principe une étude difficile, un règlement ou une loi rigide. Ils nous l'ont enseigné et transmis sous une forme pratique que l'on peut assimiler incons-ciemment, invonlontairement, comme s'il s'agissait d'une formule de politesse, d'une discipline quoti-dienne ou de fêtes annuelles inscrites sur une sorte de calendrier. Grâce à cette éducation, le Japon s'est développé et a vécu jusqu'à maintenant sans perdre ses traditions. Et tant que cette façon de vivre ne se perdra pas, tout pourra se développer éternellement de façon saine. Si au contraire les dirigeants n'avaient pas intimement entrelacé ce Principe à la vie quoti-dienne sous une forme simple, s'ils avaient créé un principe théorique et difficile, alors la race l'aurait perdu depuis longtemps, elle l'aurait foulé aux pieds, même si elle avait suivi la tradition à la lettre. Elle serait tombée dans le malheur, corrompue, divisée devant les difficultés, connaissant les luttes intestines, faisant la guerre, vaincue finalement par un autre peuple. Tout cela se produit parce que le Principe du Bonheur, du MAKOTO, Ordre de l'Univers, est perdu, des exemples vivants comme celui-là se rencontrent dans l'Histoire de tous les pays.

La science moderne est pour le moment à la recherche de connaissances diverses. Ces connaissances sont inutiles lorsqu'elles ne servent pas le but de l'homme, le bonheur, bien qu'elles soient ou très évoluées ou très banales. La science tente :

1° de rassembler les connaissances,

2° de les ordonner et de les classifier,

3° de tirer des hypothèses à partir de chaque classification (chaque groupe) et d'après ces hypothèses,

4° édicter des lois,

5° former bientôt des théories,

6° remonter jusqu'au Principe Absolu ou Ordre de l'Univers, le Bonheur infini.

Ainsi la science et la philosophie occidentales qui recherchent les connaissances et les techniques sont-elles parfaitement pragmatiques, bien que malheureusement elles ne soient pas allées encore au bout de leur pragmatisme.

On a cherché des connaissances très diverses, on les a classifiées, spécialisées, on a tiré des hypothèses de ces connaissances, produit des lois, mis sur pieds des théories, mais ces lois et ces théories ne durent tout au plus qu'une vingtaine d'années. Loin d'atteindre son but, le bonheur, l'homme s'en éloigne de plus en plus et tombe dans une vallée de malheur.. Tous les états actuels en donnent une preuve éloquente et si on le voulait bien, on constaterait que cette situation s'est installée parce que la science occidentale ou ses origines ne sont pas pratiques, mais inutiles et nuisibles. Par contre les leaders responsables du Japon avant la période de Nara, et de la Chine avant Confucius ont obtenu un grand succès avec le pragmatisme.

Vous comprendrez la grandeur de leur pragmatisme lorsque vous aurez lu ce livre.

Cependant, c'est Confucius qui a rendu ce pragmatisme inutile, compliqué et peu pratique. Le pragmatisme doit être simple et facile à comprendre et en même temps très utile et efficace. Une théorie complexe qu'un spécialiste seul peut comprendre ne sert à rien. (Voilà la supériorité du P.U., de l'I King, le livre des transmutations dont l'histoire de la Chine et du Japon vue de face et de dos n'a cessé de démontrer la valeur.)

En Chine, depuis des temps immémoriaux, les grands leaders qui avaient découvert et maîtrisé ce Principe de l'Ordre de l'Univers dirigeaient leur peuple dans la paix. Mais d'autres leaders, intellectuels de petite envergure, apparurent avec le temps et traduisirent l'Ordre de l'Univers en de difficiles théories.

Le peuple, sans instruction, ne pouvait dès lors continuer à comprendre le principe de la vie. Les savants eux-mêmes se spécialisèrent de plus en plus et s'abaissèrent jusqu'à raisonner et négliger la pratique du Principe. Les grands leaders de temps très reculés comme Sin-Jên, Fou-Hi et Shen-Nung montraient l'Ordre de l'Univers, la Vérité comme une pratique et non comme une doctrine. Ce sont les savants de l'époque Wên-Wang de Chou qui ont commencé à transformer ce principe en une doctrine difficile, en théories compliquées et qui enfin ont supprimé cette étude au peuple. Quant à Confucius et ses adeptes, ils ont parachevé le crime.

Les groupes leaders tels que Fou-Hi enseignaient ce principe de l'Ordre de l'Univers comme un instrument ou une technique de la vie réelle. Ils n'ont enseigné que le Yin et le Yang, avec seulement deux petits signes. Confucius et ses adeptes l'ont transformé en

principe difficile, en théories compliquées incompré-
hensibles aux gens et ont créé une doctrine acadé-
mique. (Ils utilisaient 64 signes au lieu de deux et ont
écrit deux gros volumes sur le Yin et le Yang.) Ceux
qui sont responsables du destin impitoyable de ce
pays mondial de Chine, grand roi du continent asiatique, ce sont les savants et les leaders qui ont transformé en théories et doctrines difficiles et complexes
le Principe du MAKOTO, de l'Ordre de l'Univers
compréhensible à tous. En ce sens, Confucius a commis
une faute et un crime graves. A travers toutes les générations, ceux qui ruinent un état et conduisent le
peuple au malheur sont très souvent des savants éminents et professionnels, des idéologistes et leurs
disciples. Cela ne se limite pas seulement « aux scribes
et aux Pharisiens hypocrites ». Cependant l'on ne peut
faire de reproches aux gens qui professent à l'Académie
ni aux éducateurs.

Maintenant nous allons examiner quels genres de
principes sont en vigueur chez le grand peuple Chinois,
pourquoi il n'y a pas un seul empire qui ait duré plus
de 300 ans et aussi pourquoi un état qui a formé le
plus grand Empire, construit la plus grande muraille,
qui est encore aujourd'hui un sujet d'émerveillement,
a péri en 15 ans seulement.

2. Sur la carte géographique du monde...
— La grande découverte de fou-hi —

Pour commencer à connaître l'Histoire de la Chine,
ouvrez d'abord une carte géographique du monde. La
Géographie est la mère de l'Histoire. Si l'on ne connaît
pas la mère, on ne peut connaître l'enfant.

Sur la carte géographique du monde, le continent le plus grand est l'Asie. (L'Europe n'est qu'une petite péninsule). Deux grandes chaînes de montagnes se dirigent de l'Est vers l'Ouest sur le continent asiatique. La chaîne supérieure est le KOUEN-LOUN, et la chaîne inférieure est l'Himalaya. (Pourquoi ces deux chaînes de montagnes se sont elles-mêmes formées horizontalement et pourquoi existe-t-il un vaste plateau au Nord, au-delà du Kouen-Loun. Ce sont des questions très intéressantes du point de vue de la naissance et du développement de la terre.)

Sur ce plateau au Nord du Kouen-Loun, il y a 10.000 ans, tout un peuple voyageait de l'Ouest vers l'Est. C'étaient les ancêtres du peuple Chinois. Il a fallu plus de 5.000 ans à ce peuple pour parvenir à l'extrême-Est de ce plateau où se trouve le fleuve Jaune (HOANG-HO) qui jaillit du Tibet et se jette dans le Golfe de PETCHILI ou HOPE (3.750 kms). Ce peuple descendait le fil du fleuve. Un esprit est caché dans les eaux, il s'exprime par métempsychose : c'est l'Ordre de l'Univers.

Attiré, ce peuple se déplaçait vers l'Est, habitant forêts et grottes, mangeant des racines, des noix, du poisson et du gibier. A l'époque de cette migration se succédèrent plusieurs grands dirigeants. Fou-Hi était l'un d'eux.

Le père de Fou-Hi était très viril, très yang, sa mère très féminine, très yin. C'est pourquoi ils s'attiraient profondément et se disputaient souvent. Le père de Fou-Hi était un homme robuste à la barbe de bûcheron, il avait un peu l'air d'un bandit, la peau brune et le corps solidement charpenté. La mère au contraire avait le teint clair, la peau douce, un corps souple et élancé, un caractère doux et calme.

1. La hauteur de la montagne indique la paix (Yin).
   La largeur de la montagne indique une longue période de paix.
   La profondeur de la vallée indique la guerre.

2. Après les 2.000 ans de l'ère chrétienne, la montagne devient de plus en plus haute et large. (En 1943, l'auteur prévoyait la Chine actuelle de Mao et celle de demain.)

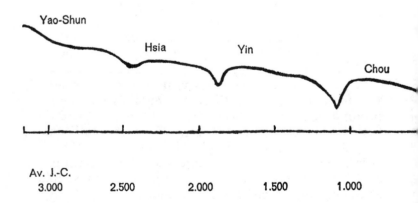

3. Remontons de notre époque à celle de HSIA dans le graphique.
   Chine actuelle.. Ch'ing.. MING.. YUAN... C'est-à-dire par ordre Sud..
   Nord.. Sud.. Nord.. Sud...
   On constate que le changement Yin-Yang se répète régulièrement pendant
   4.000 ans. Les vainqueurs des guerres sont toujours sans exception des
   peuples du Nord.

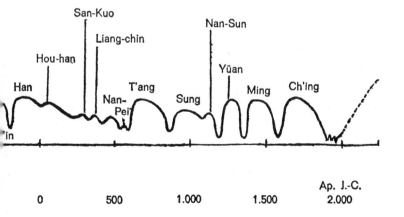

| 0 | 500 | 1.000 | 1.500 | Ap. J.-C. 2.000 |

Avec des parents aussi différents l'un de l'autre, Fou-Hi avait beaucoup de difficultés. Les grands hommes naissent toujours de parents aux caractères diamétralement opposés. Fou-Hi voyait souvent son père persécuter et battre sa mère. Lui aussi était souvent grondé et frappé par son père. Parfois il était jeté hors de la caverne et devait passer toute la nuit en plein froid. Son père l'emmenait à la chasse dans les montagnes ou les forêts ou à travers les rivières. La coutume d'alors voulait que l'on attrape un animal au corps-à-corps, sans armes. On devait l'achever à l'aide d'une pierre ou d'un bâton, jamais rien d'autre. Quand Fou-Hi rentrait bredouille, son père lui distribuait une volée de coups de poing et le jeune garçon devait toujours faire le choix entre être griffé et mordu par les bêtes au péril de sa vie ou être frappé et terriblement battu par son père. Il préféra donc aller se battre contre les bêtes sauvages. Quand il rentrait chez lui en vainqueur, son père l'applaudissait. Pour cet enfant, il était préférable de vaincre et d'être applaudi, plutôt que de perdre et d'être battu comme un martyr.

C'est grâce à une telle existence qu'insensiblement Fou-Hi apprit le principe du changement. Ce fut le fruit de longues années de difficultés mortelles et impitoyables. Pendant plusieurs dizaines d'années il fut entraîné par les deux bras du changement de la grande nature. Le climat du plateau était très rude, le froid et la chaleur s'alternaient perpétuellement ; le froid surtout était mortel. Il découvrit que le principe yin-yang, l'Ordre de l'Univers, est présent éternellement dans l'Univers tout entier qui est en perpétuel état de devenir. C'est le fameux Yi-King (le livre des transmutations). Ce principe du changement n'est pas une science, il est facile à pratiquer. Fou-Hi voyait le temps passer dans le ciel. Il voyait aussi le changement des saisons et la face des animaux qui vivent en harmonie avec la terre. Au milieu d'incessantes vicissitudes, il put découvrir un ordre éternel. Grâce à ce principe Fou-Hi devint finalement un homme capable de prévoir la sécheresse, les inondations, les orages, la guerre même, etc... Il en déduisit les règles fondamentales de l'agriculture, de l'étiquette et de bien d'autres systèmes. Son peuple menait une vie courageuse et heureuse. Ainsi un grand homme comme Fou-Hi naît toujours d'un père extrêmement yang et d'une mère extrêmement yin (c'est-à-dire les deux extrêmités). L'électricité est d'autant plus forte que la différence entre les deux pôles est grande et elle donne ainsi d'autant plus de lumière et de chaleur.

Tandis que ce peuple (la race Han) descendait le Fleuve Jaune, la race MIAO habitait aux environs de ce qui est aujourd'hui la province de San-Si. Le peuple Miao, pressé par le peuple Han, s'enfuit vers le Sud. Quand deux races se rencontrent, la race nordique l'emporte toujours sur l'autre. Sinon, la victoire est du côté de la force armée (yang) entraînée sous un climat difficile et pendant longtemps dans une contrée yin. C'est ce que l'on peut constater non seulement dans l'histoire de la Chine, mais encore dans celle du monde contemporain.

Plusieurs centaines d'années après Fou-Hi, l'empereur Huang-ti devint chef de la race Han. Il acheva de conquérir la race Miao et la culture se développa. Divers appareils et instruments de la vie domestique furent inventés, la politique et la société furent solidement organisées. Il y a 4.000 ans on rédigeait déjà le calendrier, n'est-ce pas là une chose surprenante ? Un astronome Français contemporain a découvert que l'on pouvait prédire alors avec précision les éclipses de soleil. On invente une Idéographie complète et jamais égalée depuis : les caractères chinois. Les lettres et les arts se développent en période de paix. Alors que l'époque de Fou-Hi était celle de la guerre lui succéda une époque de paix. Yang se transforme inévitablement en Yin.

Enfin, le sage Yü-ti monte sur le trône et fonde l'état de HSIA. La race prospère de plus en plus. C'est ici que l'on ouvre le livre d'histoire de la Chine à la première page. Toute l'époque antérieure est ce qu'on appelle une époque de légende.

L'état de Hsia prospéra pendant environ 400 ans et enfin un roi excessivement yang, TCHIEH, prit le pouvoir. Il régna 53 ans en exerçant une autorité féroce. Il aimait les banquets où l'on mangeait de la viande et où l'on buvait beaucoup de vin. Ses 3.000 vassaux participaient à ces réjouissances. Yang produit Yin, Tchieh fut finalement détrôné par T'ang-wang et la prospère Hsia fut ruinée un peu moins de 440 ans après son établissement. Plus on prospère, plus on approche pas à pas de la chute. La lune décroît à partir du moment où elle a atteint sa plénitude. Les orgueilleux ne durent qu'un moment, les violents trouvent la ruine. Cet état de fait apparût dès le début de l'histoire de la Chine.

L'état YIN que fonda T'ang-Wang dura 600 ans ; dès l'apparition du roi T'chou, lui aussi excessivement yang à l'instar de Tchieh, l'état fut détruit. Tchieh et T'chou furent si violemment yang qu'on les donne comme deux exemples-type de tyrans chinois. Tchieh avait Kuang-Lung-Feng pour conseiller ; T'chou eut Ki-ja, et tous deux étaient très yin, à l'opposé de ces deux rois yang. Ils donnaient des avis très justes, mais amers, et étaient d'une fidélité à toute épreuve envers leurs maîtres. Cependant ces rois trop yang les firent emprisonner quelquefois et finirent par les faire tuer. Puis à leur tour, ils subirent la ruine. Cette histoire regrettable nous enseigne l'Ordre de l'Univers, le Principe Unique.

1. Nous avons tendance à garder rancune ou haine à ceux qui nous exhortent, nous grondent ou nous contrarient. C'est là une grande erreur.

2. Yang attire inévitablement Yin. Dès que l'on devient yang on attire continuellement le yin (Livre du Principe Unique. 4e théorème).

Mais il existe deux yin, le grand yin et le petit yin. Si on se lie avec le grand yin, on devient fort ; si on se lie avec le petit yin, on se ruine inévitablement. Le grand yin signifie grande âme ou grande spiritualité ; le petit yin signifie petit corps. Le grand yin est le chemin du bonheur véritable tandis que le petit yin est celui du bonheur éphémère qui est un autre nom du malheur. Ce sont les deux fameux chemins où l'on se perd souvent. Si l'on se trompe de chemin on est perdu. Si l'on prend le bon chemin, on devient de plus en plus heureux. Ce n'est pas seulement une fois ou deux dans la vie que l'on se trouve à l'embranchement des routes, cette rencontre se produit chaque année, chaque mois, chaque jour, à chaque instant et plus précisément à chaque seconde, 7 à 8 fois à chaque inspiration.

Le grand yin est la voie d'un monde élevé dont la côte est très escarpée, tandis que le petit yin est une descente vers un petit monde situé très bas. On peut y glisser d'un seul mouvement. En d'autres termes, la première est la voie du MAKOTO, de Dieu, du jugement suprême ; la seconde est la voie de la jouissance d'une partie du corps : les sens. C'est la voie facile de l'appétit gastronomique et sexuel, et dès qu'on y est engagé, on ne cesse de glisser jusqu'au fond. **On l'appelle donc la voie de corruption.**

Le chemin qui monte s'appelle le chemin de «Syozin» qui signifie chemin de la spiritualité. Si l'on s'engage sur le chemin qui descend, on s'adonne avec avidité aux plaisirs sexuels et aux désirs, alcool et femmes pour les hommes, gloire et aliments yin pour les femmes. Ces deux chemins, montée et descente, ne sont pas deux chemins différents, mais ils ne font qu'un seul chemin qui est parfois montée, parfois descente, selon la direction que l'on prend ou l'attitude spirituelle que l'on adopte. J'ai dit que la descente était le petit yin, mais celui-ci peut être appelé yang puisqu'il est petit (Principe Unique, 3e théorème).

L'exhortation et les durs conseils sont le grand yin. Ils sont toujours amers et détestables. Tout ce qui est sensoriellement détestable et désagréable tel que l'hostilité, l'attaque, les reproches et la calomnie sont au sens large et profond des corrections et des conseils. Si l'on n'a pas d'ennemi, on restera endormi sur sa force latente. Tout est donné grâce à son ennemi. Si l'on comprend profondément cela, on est sur le chemin du pays du MAKOTO. L'état spirituel dans lequel on est lorsque l'on monte tout droit vers le pays du MAKOTO s'appelle le Bonheur. Le Bonheur ne nous visite pas seulement quand nous atteignons le sommet de la côte. Il est précieux de comprendre qu'il n'existe aucun sommet au monde du Makoto, puisqu'il est infini. C'est pourquoi le Bonheur de gravir cette côte dure éternellement. Si cela ne dure pas éternellement et s'il y a une limite, il ne s'agit pas du vrai bonheur.

On peut vivre pendant, dix, vingt, cent ou même mille ans dans un bonheur fini, limité et illusoire, ce n'est cependant pas le vrai bonheur. Généralement on croit que ce bonheur faux et limité est le vrai bonheur. Ceux qui se trompent et s'adonnent à ce bonheur limité connaissent inévitablement une fin tragique. Rien n'est plus triste que de croire que le Bonheur est de jouir de plaisirs charnels. C'est se tromper de train. On croit prendre le train pour Tokyo alors qu'en réalité on prend l'express pour Hiroshima. Le Bonheur est un autre nom de la Liberté Infinie. Les gens se moqueraient si l'on parlait d'un bonheur sans liberté. Imaginons un homme qui croit être heureux parce qu'il possède un million de francs. Il a réalisé son rêve en économisant cette somme pendant toute sa vie. Alors il doit prendre soin de ce million comme la prunelle de ses yeux. Cela devient une source d'inquiétudes. Il le met à la banque et se préoccupe de la ruine possible de cette banque. Même si la banque ne fait pas faillite, le prix des denrées augmente et c'est comme si son argent diminuait. Les questions d'intérêt l'accaparent. Enfin, il doit prendre des mesures toujours plus positives afin de faire de bons profits avec ce capital de un million. Par conséquent le danger ne cesse de grandir. S'il construit et met en location une maison, il risque de tout perdre dans un incendie, ou bien encore de mauvais locataires refusent de payer leur loyer, il doit prendre des mesures onéreuses, parfois en vain... Même dans le commerce, l'inquiétude est semblable. Il est certain qu'il y aura des profits, mais aussi des pertes (là où il y a yang, il y a yin). En fin de compte, il abandonnera son argent à l'Épargne de la Poste qui donne moins d'inquiétude, mais dont le profit est moindre... Si cet homme tombe

32 G. OHSAWA

une seule fois malade, tout peut être perdu. C'est la fin de celui qui croit au bonheur limité.

Les rois Tchieh et T'chou en dépit de leurs excellentes qualités se sont ruinés en ont ruiné leur pays avec eux, car ils ont idôlatré de belles concubines telles que Ta-Chi ou Mei-Hsi. (On raconte que les empereurs Chinois avaient toujours 3.000 concubines, petites yin.) Ils ont fait une erreur en écoutant les douces paroles des belles concubines, tandis qu'ils détestaient et refusaient d'entendre les paroles amères et sévères de Kuang-Lung-Feng et de Ki-ja. La civilisation Occidentale est généralement créée pour la jouissance de tous les plaisirs du corps, plaisirs des sens. Cette civilisation est yang en apparence et très yin au fond, comme la belle Ta-Chi. La civilisation n'est pas mauvaise, elle plaît aux gens. Il faut donc l'aimer jusqu'au bout, car le destin opulent de ces deux rois Tchieh et T'chou nous enseigne que les rois yang, rois violents, rencontrent inévitablement une fin yin...

3. CEUX QUI RUINENT UN PAYS.

LES BELLES FEMMES, LES SAVANTS, LA GASTRONOMIE

Le roi T'chou mena grand train et illustra tragiquement la fin de la dynastie YIN. Il garda toujours à ses côtés sa belle maîtresse Ta-Chi. Il donnait sans cesse de grands banquets pour lesquels il avait fait construire un grand palais. Finalement il fut ruiné. Dans sa jeunesse, sa vie n'était encore ni aussi somptueuse, ni aussi yang, bien que son sage et loyal conseiller Ki-ja ait déjà entrepris sa sévère formation. Ki-ja vit que le roi avait fait fabriquer des baguettes d'ivoire pour ses repas. Il prédit alors la ruine prochaine du pays causée par ce luxe. Il conseilla fermement au roi de ne pas persister dans cette voie de luxe. Ah ! les baguettes d'ivoire ! (signe de la chute d'une dynastie).

N'employons-nous pas nous-mêmes des baguettes inutilement luxueuses ? Je tremble lorsque je sais que le destin tragique d'un pays comme celui d'un individu et leur chute sont écrits sur de petites baguettes. Ah ! les baguettes d'ivoire ! C'est le luxe extrême. Pour manger le riz, il est amplement suffisant d'utiliser des baguettes en bambou ou même en fougère comestible. Pourquoi devrait-on tuer l'éléphant qui vit en paix dans les forêts tropicales. Leur enlever leurs magnifiques cornes d'ivoire, transporter celles-ci par bateau en utilisant de nombreux travailleurs, tout cela pour remplacer les baguettes en bambou nécessaires pour manger le riz... Quel gaspillage, quel luxe, quelle inutilité ! Tout cela est catégoriquement interdit dans l'École Satyägraha de Gandhi dont les articles sacrés prônent l'Ahimsa. (Serment de non violence. 2. — Ne pas voler. 5. — Ne rien posséder. 6.) Pour satisfaire les goûts de l'homme, 50 à 100.000 éléphants doux, intelligents et sages sont tués annuellement. Et de même, de nos jours pour que nous mangions une tranche de baleine on tue 1 million de ces mammifères. Quelle sauvagerie, quelle cruauté incroyable est un tel carnage ! N'est-ce pas une conduite yang à l'extrême, semblable à celle du roi Tchieh qui s'amusait dans « un lac de vin et une montagne de viande », et à celle du roi T'chou qui passait jours et nuits en réjouissances. Sans le savoir, chacun de nous est métamorphosé en Tchieh ou T'chou.

Quel est donc ce tyran du 20ᵉ siècle qui dirige 2 milliards et demi d'hommes, comme autrefois les rois dirigeaient 3.000 à 5.000 vassaux ? Autrefois il n'y avait que 3.000 vassaux plongés dans la vénération, maintenant c'est l'humanité tout entière qui vénère un luxe sans pareil, utilisant pour cela une violence féroce et extrêmement yang. Le nom de ce tyran est « civilisation ».

Les sujets pervertis se nomment « Économie Capitaliste », « Économie d'Échange », la belle maîtresse de ce tyran est le prétendu « Bonheur » (faux bonheur) qui est en réalité « confort », « plaisir » ou « commodité ». Tous ces corrupteurs se dissimulent à l'intérieur même de notre corps guettant jour et nuit une occasion d'agir. De temps en temps, la voix de ces belles femmes sort par notre bouche : « c'est commode », « c'est délicieux ». Nous sommes enclins à oublier que Tchieh et T'chou se cachent dans notre corps. Ces rois se trouvent en nous-mêmes !

Gandhi a dit : « Posséder ce qui n'est pas absolument nécessaire ou indispensable est aussi un vol » (Serment de ne jamais voler). Il dit aussi : « Les objets qui ont été fabriqués, créés par le sacrifice et le malheur des travailleurs (exploitation), et dont le but est de plaire à nos sens corporels, ne doivent pas être utilisés » (Swadeshi). Gandhi est le Jésus ou le Bouddha d'aujourd'hui.

L'état de Chou se développa de plus en plus sous la conduite de leaders éminents tels que Wên-Wang, Wu-Wang, T'Ai-Kung-Wang, Chou-Kung (Tan), etc... Cependant que l'ordre de l'Univers, yin-yang, la loi du métabolisme, ne lâchait jamais leurs mains. Après une période de paix d'environ 300 ans, à l'époque de Yu-Wang, l'état est replongé dans les troubles. Yu-Wang est tué par les Barbares du Nord. Il s'était lui aussi noyé dans le petit yin et avait adopté la voie descendante, bien que de grands leaders comme Wu-Wang ou Chou-Kung (Tan) eurent gravi la dure côte du grand yin, ce qui leur permit d'unifier tous les peuples dans la paix. Puis vint une période de voie descendante au bout de laquelle l'état se retrouva dans la pire détresse. A partir de l'époque de P'in-Wang, fils de Yu-Wang, le brillant état de Chou devint un pays lamentable et « propre à rien ». Comme la splendeur est éphémère ! « Dans le monde, tout ce qui est en abondance commence à manquer » dit-on. Une vie individuelle ne fait exception à cette règle.

En dépit de cette règle du monde relatif, le Japon vécut 3.000 ans, 10 fois 300 ans, sans jamais tomber dans la ruine, se développant et prospérant d'une année à l'autre. Voilà la preuve vivante que celui qui vit l'Ordre de l'Univers est éternel et peut être éternellement heureux. Il est naturel que l'individu même obtienne un bonheur stable durant toute sa vie quand il prend l'Ordre de l'Univers, le Principe Unique, comme base de son existence.

P'in-Wang de Chou abandonna sa capitale et descendit sur les rives du Fleuve Jaune (c'est la pente descendante). Il s'installe à Lo-Yang, dans la plaine de l'Est. A partir de cette date et pendant 300 ans, on parle des « annales des printemps et des automnes » (alternance de confusion et de conflits)...

L'époque de Chou est pratiquement terminée, elle est arrivée en bas de la côte descendante. Désormais, le jour se lève sur la guerre et il s'achève avec la guerre. C'est une invasion continuelle de Barbares venus du Nord, des conflits internes entre vainqueurs. La guerre est partout et sans trêves. Ce qui est très intéressant, c'est que les êtres qui plus tard furent appelés sages (yin) parurent à cette terrible époque Yang de violences et de guerres (Lao-Tseu, Confucius,

Mo-Tsu). Ils étaient tous plus yin les uns que les autres. C'est littéralement « à l'extrémité de yang que se produit yin ». Nous constatons clairement la justesse de l'exactitude de la onzième loi du Principe Unique : « avec le temps et l'espace, Yin produit yang et yang produit yin ». Ce phénomène se retrouve non seulement en Chine, mais partout en Europe ainsi qu'en Amérique. Cela est vrai non seulement dans le monde entier, mais aussi à l'échelle d'une famille et d'un individu. Quand on a commis quelque injustice, on est assailli par la peur. Après la joie vient la tristesse. On se repose tranquillement après les travaux de la journée. Tous ces faits sont des exemples. L'Ordre de l'Univers se manifeste dans les moindres choses, les moindres détails, les moindres recoins. Rien au monde ne peut échapper à cet Ordre.

Dès que l'on s'est imaginé que la science était arrivée à l'âge d'or, celle-ci s'est retrouvée dans l'impasse qu'est le principe de l'inconstance. Les scientifiques qui ont courageusement tenté de rechercher les éléments originels de la matière ont finalement abouti au monde de la non-matière.

En Chine, Lao-Tseu est le premier homme du Principe Unique. Il a démontré durant cette période de conflits et d'incompréhension, le principe instructif de Fou-Hi qui datait de 3.000 ans. Trois mille ans se sont encore écoulés depuis que Lao-Tseu a disparu dans la Montagne de l'Ouest et bientôt un nouveau Lao-Tseu devra naître en Chine. Lao-Tseu naquit au Nord-Ouest du pays (yin).

Quant à Confucius, on ne peut le comparer à Lao-Tseu. Il naquit à l'Est aux environs de Ch'u-Fu (région yang). Il n'est pas aussi profond que Lao-Tseu. Lao-Tseu enseignait à fond le monisme dialectique yin-yang ; il montrait simplement le visage de la vérité à l'aide du moins de mots possible. Lui-même a mis ce principe en pratique jusqu'au bout. Par son propre exemple, il a toujours exprimé la réalité du monisme dans la vie en éduquant des hommes qui avaient remplacé leur véritable nature par des connaissances et des concepts. Sa vie fut à l'image même du Principe Unique.

La simplicité de son livre unique, le Tao-Te-King, démontre parfaitement la nature originelle du Principe Unique. En ce qui me concerne, j'ai écrit des centaines de livres, comme pour prouver ma mauvaise application du Principe Unique. Je n'écris pas de livres, je ne fais qu'égrener ma honte.

Confucius est un maître de l'éthique. L'éthique en soi n'est pas mauvaise, elle est simplement un peu trop conceptuelle, passive, négative et yin. C'est pourquoi elle ne peut jamais prendre une place importante dans la vie quotidienne. C'est pour cette raison que cette méthode n'a jamais réussi à sauver la situation politique et sociale en cette période de guerre. Confucius enseigna l'éthique comme la base de la réalisation de la paix mondiale et son enseignement est devenu une éducation conceptuelle, séparée de l'éducation de la vie pratique. On peut imaginer que sa conception était trop yin. En cette période extrêmement yang, il était bien naturel que cet enseignement fut yin.

La psychologie se fait connaître par l'entremise du corps, il ne faut donc pas enseigner la spiritualité séparément de la physiologie. Il est évident que Confucius n'avait pas nettement séparé l'éducation spirituelle de l'éducation physiologique, mais il y était enclin.

Ainsi ceux qui ruinèrent le pays de façon désastreuse et cruelle furent les jolies femmes, les repas gastronomiques et les savants...

4. L'incendie rouge dura trois mois.
Un empire mondial sans égal disparait 15 ans
après son apparition

Quand l'époque des Annales des Printemps et des Automnes (époque de grande confusion) a atteint 300 ans, 7 états se font face, guettant une occasion de conquérir le monde. La Chine entre dans l'âge yang des guerres continuelles. Cette période dure environ 200 ans avant que le yang n'atteigne son point culminant. Mais abandonnons cette partie trop confuse de l'Histoire.

Bientôt l'un de ces 7 États forts, l'État Ch'in (pays yin situé à l'Ouest, dans les régions montagneuses) ruine les 6 autres États et unifie la Chine par sa force yang. Ainsi naquit, il y a 2.800 ans, le premier grand empire unifié de la Chine. Le chef Chêng prit fièrement le nom de Shih-Huang-Ti (Premier Empereur Souverain), car, affirmait-il, il représentait à la fois 3 souverains et 5 empereurs. C'est lui qui fit construire la Grande Muraille, longue de 3.000 kms, afin d'arrêter les invasions barbares du Nord. Shi-Huang-Ti était un homme très éminent et très yang, un peu comparable à Napoléon et Hitler. C'est pourquoi il affirmait que les savants et Confucianistes (yin) mettaient les gens en face de dilemnes et en fait ne servaient à rien. Il fit enterrer plus de 460 Confucianistes célèbres et brûler tous les livres sauf les livres de l'Agriculture et de la médecine et le Yi-King. Ne ressemble-t-il pas à Hitler qui fit brûler tous les livres des savants juifs ? Cependant le yang à cette époque atteignit son point culminant, alors les barbares Mongols s'armèrent et envahirent à nouveau le territoire. La Grande Muraille, qui ressemble à une chaîne de montagnes artificielle orientée est-ouest, fut spécialement érigée pour permettre de résister aux envahisseurs. Toutes les murailles du monde entier sont orientées est-ouest, que ce soit le mur d'Adrien ou la ligne Maginot, etc... Le pourquoi de cette orientation est un excellent problème pour ceux qui étudient le Principe Unique.

Shi-Huang-Ti fixa sa capitale à Hsien-yang (même ce nom est yang). Il fit construire le palais « A-FANG », le plus grand du monde à l'époque. Bien que l'on juge généralement que cet empereur a été un tyran extrême- ment agressif, je crois qu'il était incontestablement intelligent et habile. Comment a-t-il pu, en un laps de temps aussi court, faire construire une muraille longue de 3.000 kms ? La ligne Maginot ne lui est en rien comparable. De plus il réalisa l'unification de la monnaie, le système des préfectures, l'annulation du régime féodal, l'expansion du territoire, il fixa les rangs à la cour. Le pays devint alors ce qui est au nord la Grande Muraille, au sud le Viet-Nam. A l'époque de Chou, la Chine occupait seulement le territoire compris entre la Rivière Jaune et le Yang tze-Kiang. Cette expansion fut donc une entreprise sans pareille qu'un homme ordinaire n'aurait même pas pu envisa- ger. Mais hélas, comme il en est toujours avec de sem- blables entreprises et expéditions, les impôts se firent lourds, le peuple tomba dans une profonde misère et les savants commencèrent à protester. Alors Shih- Huang-Ti infligea à son peuple de sévères punitions, ordonna oppressions et répressions, fit brûler les livres et enterrer vifs les savants. C'est la conséquence normale qui découle d'un chef extrêmement yang, puisque né et élevé dans une région yin, le plateau le plus occidental. Tout dépend de l'alimentation et du milieu géographique (pays - région - ville natale, qui, au sens large, sont aussi une nourriture). De plus, Shih-Huang-Ti adopta comme principe directeur le point de vue du savant très yang HAN-FEI, et il écarta l'opinion des confucianistes yin qui pourtant lui faisait défaut. Le yang atteignit son point d'explosion, et dès le décès de Shih-Huang-Ti, la révolution éclata dans tout le sud-est, la région la plus yang. C'est ainsi que le grand empire disparut au bout de 15 ans seulement. Il est indiscutable que la vie de ce qui est yang est courte. Quand on devient yang, on doit s'attendre à avoir une vie brève. Il est dangereux de rester toujours yang après l'âge de 40 ans, bien que l'on doive l'être jusqu'à cet âge. Lorsque ce qui est yang se ruine, sa ruine même est yang et très voyante. De même un homme énergique et entreprenant peut mourir brusquement à 40 ou 50 ans d'hémorragie cérébrale ou de crise cardiaque, ou de maladie hépatique. La capitale de Ch'in, Hsien-Yang, continua à brûler pendant 3 mois après sa reddition (ce fameux incendie rouge qui dura trois mois) Shih-Huang-Ti de Ch'in qui fit enterrer vifs des savants yin ruina son pays à cause de l'opinion d'un savant yang... C'est le Karma, vers lequel nous-mêmes nous acheminons quelquefois.

Lorsque l'on parvient à l'extrémité du yin ou du yang, on s'imagine souvent que l'on possède une qualité particulière à soi, et si l'on triomphe de la sorte, on s'achemine vers une fin tragique. Il en est de même dans le domaine des théories. Ceux qui se fient à l'originalité ou à la nouveauté d'une théorie (ceux qui font confiance aux théories uniquement pour la raison qu'elles sont nouvelles) se préparent une déception plus ou moins grande, comme Shih-Huang-

Ti. Toutes les théories scientifiques, philosophiques, etc... sont réactionnaires malgré la bonne volonté des savants qui les adoptent. Et ces théories ne seront jamais respectées ni admises si l'auteur n'attaque pas et n'écrase pas les théories de ses prédécesseurs.

Claude Bernard fondateur de la médecine expérimentale dit : « Les grands hommes sont précisément ceux qui ont apporté des idées nouvelles et détruit des erreurs. Ils n'ont pas eux-mêmes respecté l'autorité de leurs prédécesseurs, et ils n'entendent pas qu'on agisse autrement avec eux. Dans les sciences expérimentales, les grands hommes ne sont jamais les promoteurs de vérités absolues et immuables ».

Aujourd'hui, qu'il s'agisse des hautes théories enseignées dans les Académies Occidentales scientifiques et idéologiques ou des diverses théories exprimées dans la politique, la société, les affaires, etc... le monde va son chemin sans se demander quel sera l'aboutissement de toutes ces théories-affirmations. Ce sont toutes des idées nouvelles ou singulières ou « néo-néo » (nouvelles-nouvelles). Il en est de même pour les inventions et les découvertes. Parmi ce foisonnement continuel d'idées nouvelles, il y a déjà des théories compromises. Certaines sont le résultat de la combinaison habile de deux théories antagonistes sans aucune originalité ni utilité, et le but de leur promoteur est de s'assurer un prompt succès personnel. Toutes ces théories sont trompeuses et mènent à l'impasse qui précède généralement la catastrophe. Il est très sensationnel de visionner ces prétentieuses idées nouvelles et cela fait beaucoup de bruit. La théorie des particules ondulatoires est la plus subtile d'entre elles. Toutefois cette sorte de théories est inévitablement effacée par le temps, et cela est vrai pour toutes les nouvelles théories à venir, car CHUNG-YUNG (qui se traduit en Français par : modalité, juste milieu, proportion convenable, etc...) ne signifie pas liaison relative et éphémère de deux pôles antagonistes.

Si nous jugeons à l'aide du Principe Instructif le monde qui crée et impose des idées ou des théories exclusives, nuisibles, rétrogrades, nous sommes destinés à une fin tragique comme la fleur éphémère du matin déjà fanée l'après-midi, et cela même si nous obtenons certains succès ainsi que ces théories semblent le permettre. Shih-Huang-Ti de Ch'in est un exemple typique de l'« hostilité » (yang) tandis que HSIANG-KUNG de SUNG qui subit un grand échec et dont la réputation était « ZIN » (bienveillance et vertu) fut « rétrogressif » (yin). J'affirme que le Principe Instructif, Unique, doit être le vrai Principe Eternel de l'Unification. Le Principe Unique est la plus vieille théorie existante, la théorie yin-yang. Mais il enveloppe et unifie en même temps toute théorie nouvelle, quelle qu'elle soit. Et toutes les théories sont « rachetées de leurs fautes » quand elles sont unifiées et par conséquent unificatrices : en effet, toutes les théories nouvelles qui s'opposent les unes aux autres penchent soit vers le yin soit vers le yang et se complètent enfin l'une l'autre par unification. On trouve dans mes œuvres anciennes de nombreuses affirmations exclusives, ce qui prouve que j'ai été jeune moi aussi. De plus, j'ai dû affirmer très haut l'importance du Principe Unique qui était oublié depuis 3.000 ans, et cela, j'ai été seul à le faire. Mais la jeunesse est yang ; et si l'on trouve encore dans mes œuvres actuelles des passages exclusifs, c'est parce qu'il reste encore en moi un peu de jeunesse ou que je suis maladroit à écrire. Il me semble que l'homme peut mieux se diriger après 50 ans, aussi à l'avenir inclinerai-je de moins en moins vers le yin ou le yang.

HAN-FEI, homme yang (même son nom est très yang), choisit pour maître HSÜN-TZÜ, homme également yang. Han-Fei bégayait, ce qui prouve qu'il avait absorbé des aliments excessivement yang à l'époque embryologique et durant son enfance. Cela n'a rien d'étonnant, il était prince d'un état qui comptait parmi les sept plus forts. Lorsque son pays fut attaqué par Ch'in, il rendit visite à celui-ci en tant que représentant de son pays. Il plut beaucoup à Shih-Huang-Ti et fut comblé de faveurs comme l'était tout l'entourage de l'empereur. Mais il sera assassiné par Li-Si, alors ministre de Shih-Huang-Ti, qui fut son camarade d'école et était extrêmement yang. Quand deux hommes yang briguent la même situation ou recherchent le même but, cela se termine toujours par une violente tragédie (c'est le dixième théorème, qui est en fait l'envers du quatrième théorème du Principe Unique : Yin repousse yin, yang repousse yang. La répulsion ou l'attraction sont inversement proportionnelles à la différence des forces yin et yang. Et Li-Si sera bientôt tué à son tour. La fin des personnes extrêmement yang est toujours très spectaculaire.

Dans toutes les théories des savants, c'est précisément cette vérité qui doit apparaître et ni l'odeur ni le caractère du savant ne doivent se faire sentir. Or la terre et ses produits ne sont pas deux choses différentes. L'odeur et le caractère d'un individu ou d'un pays accompagnent toujours les théories qui en découlent. De plus, et ceci est très intéressant, le caractère d'un individu n'est pas autre chose que sa constitution physique, bien plus, c'est la nature du corps elle-même. C'est ce que l'on dit en langage courant :

« Ce n'est pas en répondant à des questions que l'on se trahit, mais bien lorsque l'on parle sans réfléchir ».

L'histoire à travers les époques de Chou et Ch'in est pleine d'enseignements, et je ne peux tout relater ici. Cependant voici une chose que nous devons graver dans notre cœur à tout prix : « on ne doit jamais employer la violence, même envers nos ennemis » (Non seulement la violence est inutile pour convaincre, mais elle est précisément la cause de notre propre ruine.) Cet enseignement de Gandhi, l'Ahimsa, est démontré à chaque page des 4.000 ans d'histoire de la Chine. Nous connaissons par exemple le destin de T'Chieh ou T'chou qui emprisonnèrent et firent tuer leurs fidèles conseillers sous prétexte qu'ils présentaient des observations sévères et désagréables. Un leader révolutionnaire qui assassine un chef violent appelle immanquablement sa propre ruine. Le karma tourne comme un moulin. Par suite de leurs exigences et de leur conduite politique et militaire, Han-Fei et son meurtrier Li-Si furent assassinés à leur tour. Quant à Shih-Huang-Ti, quoiqu'il ait entrepris des œuvres inégalables, il employa trop la violence. A son grand regret, il fut le premier, mais aussi le dernier empereur, bien qu'il se crût à l'origine d'une lignée d'empereurs éternels. Par la suite on détruisit même sa sépulture. Il utilisa la violence au point de faire enterrer vifs les savants qui lui représentaient ses erreurs et les dangers qu'il courait. A partir du moment où un dirigeant réprime la liberté d'opinion, le pays court à sa fin. Ainsi un grand empire sans précédent disparut en quelques années et pour toujours ainsi qu'un rêve ou une bulle de savon. Cependant la dynastie de Ch'in parvint malgré tout à administrer ses territoires et son nom est resté célèbre dans le monde entier. Le nom de cette dynastie est employé aujourd'hui par le monde entier comme nom de la Chine éternelle, malgré les 2.000 ans passés et les changements de dynasties. Cette dynastie Ch'in disparut en effet 15 ans après son apparition. Si l'on observe l'histoire scrupuleusement, on apprend combien la violence est éphémère, inutile et nuisible.

C'est avec émerveillement qu'il faut se rappeler que depuis 3.000 ans, la famille impériale du Japon dépose ses armes au temple Shintoïste, fait qui exprime la volonté de l'empereur d'écarter toute violence qu'il juge incompatible avec son désir de gouverner le peuple.

Ces empereurs n'ont jamais édifié de puissantes citadelles aux douves profondes comme l'ont fait hardiment les responsables de la Chine et des pays Européens. Cependant à certaines époques dans l'histoire du Japon, les Shogunats de TOKUGAWA et de KAMAKURA ont réprimé la liberté d'opinion comme le faisaient Shih-Huang-Ti ou la Rome du Moyen-Age. Mais les empereurs se sont toujours opposés à cette conduite et ont fait en sorte que cela cesse au plus vite. Voilà l'avantage d'un pays qui est parvenu à vivre avec l'Ordre de l'Univers, ce Principe d'Unification du Makoto (Principe qui accepte les oppositions et les unifie). Ce Principe a été retenu et utilisé à tous les niveaux, y compris dans la vie quotidienne de chaque individu. Le Principe Instructif est simple et ne présente jamais de théories complexes ni difficiles.

5. YIN SUIT TOUJOURS YANG.
LE YANG DE CH'IN, LE YIN DE HAN

Après Ch'in extrêmement yang et sortant du plateau yin de l'Ouest, c'est KAO-TSU de HAN, extrêmement yin et sortant de la plaine qui touche la mer de l'Est qui va régner sur le monde. Yang parvenu à son extrémité produit yin.

Tandis que Shih-Huang-Ti avait adopté la doctrine Han-Fei, Kao-Tsu adopta celle de HAN-HSIN, homme très patient et réputé pour l'anecdote suivante : « Il se faufila entre les jambes d'un homme agressif qui lui cherchait querelle ». Comme après Kao-Tsu, les empereurs observèrent la simplicité, le pays fut de mieux en mieux gouverné et devint de plus en plus prospère. Les responsables réduisirent les impôts et les châtiments et ainsi s'établit l'époque du « code des 3 chapitres » (loi qui punit seulement l'assassinat, les coups et blessures et le brigandage). Le peuple obéissait dans la joie et le pays était florissant. La paix intérieure une fois réalisée, le 5ᵉ empereur, WU-TI entreprit des expéditions à l'extérieur de ses frontières pour obtenir un territoire plus vaste qu'à l'époque de Ch'in.

L'état grandit, prospéra, la paix régna, le pays devint yin et les études reprirent : c'est déjà la côte descendante. Le règne de Wu-Ti est à l'apogée de l'époque de Han. Cet état ne dura même pas 100 ans avant d'être ruiné. L'époque de HSIN va succéder à celle de HAN qui disparaît en une vingtaine d'années. KUANG-WU-TI, MING-TI et CHANG-TI continuèrent à gouverner sagement et habilement afin de préserver la

paix. C'est à l'époque de Kuang-Wu-Ti que le Bouddhisme apparaît en Chine et se propage. Le papier
également fut inventé à l'époque de HOU-HAN. Les
communications avec Rome, la Perse et les pays arabes
furent créées. Cependant la dynastie de HOU-HAN se
ruina en 200 ans. La fin arriva comme prévu. L'ère des
guerres incessantes réapparut.

Ensuite vinrent les époques de SAN-KUO (65 ans
environ) et LIANG-CHIN (80 ans). Après quoi la guerre
dura encore 150 ans entre les deux dynasties NAN-
CH'AO (Sud) et PEI-CH'AO (Nord). A cette époque
vont apparaître les races étrangères du Nord et de
l'Ouest avec leurs forces militaires. Cependant les
envahisseurs seront tous rapidement assimilés par le
peuple Han.

Le Bouddhisme se diffuse largement et l'on assiste
aussi à la naissance de religions nouvelles (les sciences
et les arts auront beaucoup de succès). Cependant si
l'on sait que plus de la moitié des 50 empereurs des
dynasties NAN-PEI-CH'AO (Sud et Nord) connurent
une fin tragique, on comprend que cette époque était
malgré tout une époque yang de confusion et de
corruption.

Le long conflit entre NAN-CH'AO (Sud) et PEI-
CH'AO (Nord) se terminera par la victoire du Nord
et les deux parties seront unifiés en un seul état,
l'état SUI. Celui-ci se ruinera en 30 ans et l'état T'ANG
lui succédera. Les échanges avec le Japon vont devenir
très actifs. L'époque T'ANG est une époque pacifique
et yin qui succède bien entendu aux guerres yang qui
durèrent plusieurs centaines d'années. A la 3e génération de T'ANG, l'étendue du territoire est plus vaste
qu'elle ne l'a jamais été : la Mongolie au Nord, l'Asie
Centrale, la Perse à l'Ouest et la Corée à l'Est.

La dynastie T'ANG régna durant 290 ans et arriva comme toujours à la côte descendante. La côte descendante commença en réalité au bout d'une centaine d'années, à l'époque du 6e empereur HSÜANG-TSUNG. Dans son cas, cette côte descendante fut une jolie femme nommée YANG-KUEI-FEI, bien-aimée de Hsüang-Tsung. C'est tout à fait dans l'ordre des choses.

La dynastie T'ang occupait vers cette époque le territoire le plus vaste du monde et était le centre de toutes les cultures. Les échanges culturels se faisaient avec la Perse, les Indes, le Japon et les pays arabes. Les religions, la littérature, l'architecture, etc... devinrent très prospères. Il est très intéressant de constater que cette période vit naître la renommée de la peinture. Celle du Nord, minutieuse et exacte, aux couleurs brillantes et séduisantes, celle du Sud en mono-couleur à l'encre de Chine. C'est un contraste yin-yang. Mais l'époque pacifique et yin ne dura pas plus de 300 ans. Une époque yang lui succéda, comme l'été succède au printemps. La confusion yang sévit de nouveau et dura plus de 50 ans après la disparition de T'ang. Cinq états, HON-LIANG, HON-T'ANG, HON-CHIN, HON-HAN et HON-CHOU, apparurent, puis disparurent. Entre temps les envahisseurs étrangers arrivèrent de Mandchourie et de Mongolie et les conflits se multiplièrent. Ceci se produisit il y a environ 1.000 ans. La coutume d'envelopper et de comprimer les pieds des femmes Chinoises naquit à cette époque. Depuis des temps très reculés, on considère en Chine et au Japon les grands pieds comme étant disgracieux et surtout l'indice d'un manque d'intelligence et de compréhension. D'après la médecine d'Extrême-Orient, les grands pieds et les grandes mains sont la conséquence d'une alimentation excessivement et continuellement yin (fruits, pommes de terre, etc...) pendant la période embryologique et pendant l'enfance. J'expliquerai ce phénomène dans un autre livre. Lorsque yin dépasse sa limite, les pieds et les mains se développent anormalement. La personne en question se dilate, grandit, devient maladroite et présente de nombreux signes d'incompréhension.

Un général de HON-CHOU détruisit son propre état et créa le nouvel état de SUNG dont il devint le chef. Il yinisa le peuple en propageant les arts et les sciences. L'empressement du peuple à suivre son nouveau dirigeant n'est pas étonnant, car il était las de ces guerres qui duraient depuis si longtemps. On adopta l'alphabet de Confucius et l'état SUNG fit de grands progrès dans le domaine des études, etc... L'invention de la typographie date aussi de cette époque : cela fait donc 900 ans, c'est-à-dire 400 ans avant son apparition en Occident.

Il est tout à fait naturel qu'un pays s'affaiblisse (yin) quand les sciences et les arts (yin) deviennent florissants.

Cent ans à peine après l'apparition de SUNG apparaissent l'état HSI-HSIA à l'Ouest et l'état CHIN au Nord. Sung attire en effet les peuples yang, car il est devenu yin. Il n'abandonnera pas la culture des arts et des sciences sous la pression des envahisseurs étrangers, mais il est trop tard et il sera finalement envahi par CHIN et il s'enfuira au Sud. Il aura duré environ 150 ans.

Sung devint NAN-SUNG. Les caractères d'imprimerie de Sung sont encore utilisés par les imprimeurs Japonais. Ces caractères sont longs, fins et délicats. Et comme Sung était le pays des Arts et des Lettres (yin), il devint de plus en plus petit, pressé par l'état du Nord Chin (yang). Il en a été de même pour la France, terre des Arts, qui connut beaucoup de vicissitudes, pressée par les puissants pays du Nord et de l'Est.

Au bout de 150 ans de règne, l'état de NAN-SUNG vit apparaître l'agresseur qui allait l'abattre. Il va de soi qu'il s'agit d'un peuple du Nord, les Mongols. L'histoire se répète sans cesse. Cet état, descendu dans la plaine de Chine au climat doux et tempéré, était incapable de repousser les Mongols yang entraînés au cours des années au climat très froid et très rude du Nord et de l'Ouest.

6. TÉMUJIN, L'ENFANT DE L'ÉCHALOTE SAUVAGE.

LA MÉTHODE POUR ÉLEVER UN ENFANT ET EN FAIRE UN GRAND HOMME

Ouvrez votre atlas et regardez encore une fois la carte géographique. En Mongolie du Nord s'écoulent 2 fleuves, le ONON et le KERLEN. Le Kerlen est distant de 400 kms à l'Ouest de NOMONHAN, il sort du plateau Sud et traverse la Mandchourie dans la plaine de l'Est. Le Onon se situe à 400 kms plus au Nord, il est parallèle au Kerlen, prend sa source sur le même plateau et s'écoule vers le fleuve AMOUR dans le haut de la Russie. J'ai traversé à plusieurs reprises ces basses terres dans le Trans-sibérien. Cette région est désertique, quelle que soit la direction où porte le regard. Le climat est extrêmement yin. La température moyenne au mois de Janvier est environ de — 20° et parfois il paraît qu'elle descend jusqu'à — 50°.

Dans un village de ce plateau à plus de 1.500 m d'altitude il y a environ 700 ans naquit un garçon appelé TÉMÜJÏN. Son père, chef de la tribu ESGAÏ fut tué impitoyablement lors de l'invasion d'une autre tribu. A cette époque, Temüjïn avait 13 ans. A partir de cet évènement Témüjïn connut une jeunesse très rude, pleine de tribulations et de dangers terribles. Cette existence durera longtemps.

Dès l'assassinat de son père, Témüjïn et sa mère furent poursuivis, capturés et emprisonnés par le meurtrier. Ils parvinrent à s'enfuir et tombèrent dans des difficultés insoupçonnables. Témüjïn et ses frères devaient vivre en assistant leur malheureuse mère. Ils se nourrissaient de racines, d'herbes et de feuilles d'arbres. Chaque jour ils mangeaient des échalotes sauvages. Sous ces facteurs yin, le milieu yin du plateau terriblement froid, l'assassinat de son père, l'oppression de ses poursuivants, cette vie misérable avec pour toute nourriture des échalotes sauvages feront de Témüjïn un grand homme qui bâtira plus tard un empire mondial sans précédent ; la dynastie YÜAN !

Chères mères du monde entier ! Si vous désirez que votre propre Témüjïn devienne un grand homme, donnez-lui une vie difficile où il devra se battre sans cesse et de toutes ses forces contre le froid, la faim, l'adversité ; qu'il mange des herbes sauvages. Dans la plupart des cas vous échouez, puisque vous ignorez le Principe Instructif d'une vie alimentaire correcte et saine. Vous ignorez l'Ordre de l'Univers, le MAKOTO ou Dieu et en plus vous n'avez pas la foi. Jamais vous ne parviendrez à faire de votre fils un grand homme, et ce ne sera pas à cause du manque d'études ou de connaissances ni par manque de conseillers ou de

protecteurs, mais parce que vous n'avez par la ferme
résolution de lui faire grimper la côte montante,
abrupte et amère. Cette voie est la voie de la vérité,
de la justice, une voie ou bien-sûr mère et enfants
risquent leur vie. Votre ultime désir est d'habiller
vos enfants chaudement et de leur donner de bons
repas, même en réduisant votre propre part.

Le froid, la faim, la solitude, la tristesse d'être sans
père, l'incertitude du lendemain, le manque d'argent...
toutes ces conditions sont indispensables pour devenir
un grand homme. Toutes ces difficultés peuvent se
trouver réunies n'importe quand, n'importe où. Par
contre, il est plus rare de trouver réunis les faits qui
minent un individu, une famille et même un pays :
des baguettes d'ivoire, 3.000 concubines, un lac de vin,
une montagne de viande, un palais luxueux, les meil-
leures écoles, la nourriture à satiété, des vêtements
chauds et confortables. Mais ceux qui n'ont pour toute
nourriture que des échalottes sauvages s'efforcent généralement d'obtenir des baguettes d'ivoire, de beaux
vêtements, des repas gastronomiques.

Aussi, dès qu'ils obtiennent la réussite grâce au
froid, à la faim, à la pauvreté, à la solitude et aux
persécutions, ils oublient et abandonnent ces grandes
causes (yin) pour lesquelles ils devraient éprouver de
la gratitude. Ils s'efforcent d'acquérir les conditions
affreuses, les petits yin, c'est-à-dire les conditions qui
procurent les plaisirs sensoriels yang, qui ont ruiné
de nombreux individus, états, pays et peuples. Ceux
qui en sont esclaves succombent, entraînant leur
famille et leurs enfants dans leur chute. Depuis le
commencement des temps, les histoires et les légendes
de tous pays nous transmettent cette tragi-comédie.
Quelle misère ! Combien l'homme est ignorant et

stupide ! Toutefois il est amusant de constater que ces faits démontrent parfaitement la 11ᵉ théorie du Principe Unique : « A son extrémité, yin produit yang et yang produit yin ».

Essayez de suivre la règle de non-violence (Ahimsa) et le serment de non-violence de Gandhi, vous pourrez être immédiatement le père ou la mère d'un grand homme. Ce n'est ni vertu ni charité d'offrir son argent ou ses bien à ceux qui en ont besoin. Bien plus, c'est au contraire se mettre soi-même sur la voie du bonheur. C'est tout bénéfice.

C'est avant hier à l'aube que j'ai entrepris d'écrire ce livre. J'ai éteint la lumière avec émotion et une joie profonde et significative. Dehors, une violente tempête de pluie faisait rage dans le ciel qui blanchissait. C'était le 6 avril au matin, la saison des cerisiers en fleurs et c'est le moment où chaque année cette région de la côte du Pacifique est balayée par une violente tempête. La maison où j'écris vibre comme pendant un tremblement de terre. Le proverbe : « Les nuages noirs se produisent à la pleine lune, la tempête se produit au temps des cerisiers en fleurs » nous enseigne le principe suivant : « Là où il y a yang, il y a toujours yin ». Le cerisier en fleurs, courbé jusqu'au sol, patiente sous la tempête. Il tient ferme ses bourgeons et les fleurs déjà écloses et ne les lâche jamais. Après trois jours de violente tempête, le beau soleil serein du printemps réapparaît et les oiseaux recommencent à chanter. Le temps est venu où les cerisiers fleurissent en ouvrant leurs mains à volonté.

Quand le long hiver froid et yin arrive, le printemps n'est pas loin. La transformation de l'hiver yin en printemps yang ne se fait pas en une fois. Lorsque l'on conclue prématurément que le printemps est arrivé plus tôt que d'habitude, alors le froid revient et nous fait frissonner. Cependant le cerisier lui sait à quoi s'en tenir, il ne cesse d'être sur ses gardes et continue à tenir solidement ses bourgeons. Les jours chauds réapparaissent. « Cette fois-ci, c'est pour de bon ! » et nous jetons imprudemment nos manteaux. Aussitôt reviennent le froid et les violentes tempêtes de pluie. Les bourgeons des cerisiers s'accrochent encore fermement et sourient en voyant les gens qui n'ont pas la tête sur les épaules. L'hiver ne fait pas place au printemps en une seule fois, ni même ne se transforme pas chaque jour pas à pas directement du yin au yang. C'est un processus par vagues yin-yang, yin-yang qui se produit à plusieurs reprises jusqu'au jour où l'on arrive au printemps sans même s'en rendre compte.

Cette nuit de violente tempête est passée et le jour s'est levé bien tard. La pluie et le vent ne paraissent pas encore avoir cessé. Pourtant j'ai probablement senti l'approche du printemps sur cette planète. Étreint par une émotion et une joie inexplicables, j'ai nettoyé ma chambre et le couloir avec soin et je suis revenu à ma table pour continuer à écrire. Tout à coup j'avise une pile de lettres, je les ouvre et de l'une d'elles je sors un chèque de 1.000 yens. Tiens ! L'expéditeur en est une veuve solitaire qui vit dans une ville de la mer de Simané. Dans sa lettre elle dit : « Je voudrais offrir cet argent que j'avais laborieusement économisé pour les cas d'urgence lorsque je serais devenue vieille. Je vous prie de l'utiliser pour diffuser ce Principe Instructif de la vie alimentaire au plus grand nombre possible de gens. A présent que je connais le Principe de la vie alimentaire, je suis certaine de ne plus retomber malade. Je n'ai donc plus besoin d'argent pour les cas d'urgence. Si je retombe malade, c'est que j'aurai piétiné ce Principe Unique de la vie alimentaire et ce sera la punition que je devrai justement endurer. Je ne dois pas avoir cette pensée profondément lâche de me sauver à l'aide d'argent. J'abandonne également mon idée de retraite dans une petite maison pendant ma vieillesse, je préfère entrer dans la grande maison de la famille universelle. Je vois dans le Livre de la Santé (NANPOKU-SOHO) : toutes les fortunes appartiennent à l'infini... J'espère que cette petite somme vous servira, aussi peu que ce soit... »

Au moment même où j'étais résolu à préparer 1.000 yens pour publier : « Le Dernier et Éternel Vainqueur » ce cadeau fait d'un cœur sincère m'est tombé du ciel. Il m'arrive toujours de telles joies. En 50 ans de souvenirs, combien de milliers de fois ai-je reçu de tels aides-cadeaux qui méritent ma reconnaissance ! J'ai traversé plus de 20 fois l'Océan Indien, plusieurs fois le continent Américain et la Sibérie. J'ai vécu plus de 10 ans à l'étranger et j'ai étudié la constitution profonde et souterraine des sociétés et des états occidentaux. Comment ai-je pu faire face à ces frais ? Toujours grâce aux amis qui m'apportent leur aide. J'ai pris la décision de me consacrer au monde à la suite des derniers conseils de ma mère morte quand j'avais onze ans, et je n'ai pas encore complètement réalisé ce projet, mais déjà je suis entouré d'aides, de grâces et d'amitiés en abondance. Ce matin, je voyais le ciel (fin de l'univers) sur le point de blanchir, et j'étais frappé de joie comme un oiseau libéré, sans doute sentais-je déjà l'approche de ce chèque, aide de l'Infini.

Ces derniers six mois, j'ai également reçu l'aide financière inespérée de plusieurs personnes ; j'en reçois encore. Après 51 ans, je consacrerai ma vie à utiliser tout ce que je possède pour la réalisation de ma mission dans la mesure du possible. J'erre dans le monde de mes souvenirs, dans mon passé fait de pauvreté, de froid, dans ma vie d'enfant orphelin. Je suis dans un état d'âme tranquille, totalement empli de gratitude, de la lumière de l'espoir et de l'amour infini de mes souvenirs. Cette atmosphère de vie heureuse, reconnaissante et joyeuse m'attendait pendant 50 ans sans frais ni taxes d'entrée.

La pauvreté, la faim, le froid, la solitude, la persécution !

7. LA PROGRESSION DE 80 KMS PAR JOUR
DES HORDES MONGOLES.
LA HANTISE DES OCCIDENTAUX AU MOYEN-AGE

Témüjïn, nourri avec des échalotes sauvages et du millet devint un jeune homme remarquable. Élevé au millet (yang) et aux échalotes sauvages (légume yang) il devint yang comme sa nourriture. Ces aliments firent de lui un homme viril et splendide, un grand homme. On dit au Japon : « Les herbes sauvages sont exactement le bonheur de la nature ». Il ne s'agit pas là de légumes beaux en apparence, mais aux effets dangereux, fabriqués avec des engrais chimiques contemporains, au mépris du respect de la nature. L'engrais, espion de l'Économie Capitaliste, a pour but le plus grand profit. Il ne s'agit pas non plus d'un millet gonflé et superbe, jugé de première qualité d'après les critères de l'économie d'échange. Mais sur ces plateaux arides et déserts, le millet est petit, les grains sont minuscules et solides, ils ont poussé en luttant contre le climat aride et le froid.

La nature est violente et rigoureuse, et seul celui qui a su résister à cette pénible épreuve peut devenir heureux. Regardez les pins qui semblent gratter le ciel, ils poussent sur les rochers de la montagne, sans fumier, sans eau, en lutte continuelle contre la neige et le vent glacial, supportant les rayons directs du soleil. La sève qui coule paraît avoir 1.000 ans. Ah le bois qu'utilisent les charpentiers ne pousse jamais dans les champs fertiles !

Malgré cet enseignement de la nature, les parents gâtent leurs enfants bien-aimés. Ils leur donnent de la nouriture à satiété et les habillent chaudement. Puisqu'ils les gâtent, ces enfants deviennent faibles. Comme ils deviennent faibles, les parents les traitent avec encore plus de douceur. Ainsi, les enfants en grandissant ne considèrent plus leurs parents comme on doit considérer son père et sa mère.

Ces enfants prennent leurs parents pour des serviteurs gratuits. Parfois ils les assassinent. Un garçon qui tua 16 personnes il y a quelques années avait été élevé par sa grand-mère qui évidemment le gâtait outrageusement. Ah yin attire yang et yang attire yin. L'homme obtiendra le yin en recherchant le yang. L'exemple en est la fortune.

L'homme recherche la richesse, et dès qu'il l'obtient, il commence à bien manger et à s'habiller luxueusement. Il affaiblit et détruit son corps qui lui a rendu le grand service de lui obtenir la richesse. Ils sont lamentables ceux qui se tuent en absorbant ces délicieux gâteaux, ces repas gastronomiques et ces fruits exotiques ! Avant même d'être parvenus à la fortune, ils font périr leur corps qui n'aura plus dès lors aucune capacité.

Témüjïn était un garçon d'une grande sagesse et il a poursuivi cette vie d'efforts continuels. Même après avoir obtenu le poste de chef de tribu, il persista dans l'effort et l'entraînement. Et il devint le chef des chefs, le grand Khan, c'est-à-dire l'empereur, à l'âge de 52 ans en 1206. C'était Genghis-Khan, et aujourd'hui encore nul n'ignore son nom. Qui donc n'a jamais entendu parler de Genghis-Khan ?

A la tête de toute sa famille, il passa à l'attaque et envahit Hsia à l'Ouest, Sung au Sud, il menaça même Nan-Sung et vainquit Chin à l'Est. Il poussa à cheval jusqu'en Asie Centrale et cette fois c'est avec ses quatre fils qu'il partit au combat et remporta une grande victoire.

Faites le tracé de sa marche sur la carte, consultez votre atlas. Il dévasta la mère-patrie Russe au Nord, envahit les Indes vers le Sud. Il entreprit une longue chevauchée aux alentours du fleuve Kerlen, traversa plusieurs milliers de kms en direction de l'Ouest, atteignit le fleuve IRTICHE, descendit vers le Sud à SAMARKANDE et enfin déboucha sur la mer Caspienne.

Au Nord, il remonta la rivière CHIROU et atteignit la Russie, Au Sud, il envahit le territoire jusqu'aux Indes après avoir balayé l'Afganisthan (ce qui représente à peu près la distance entre le Japon et l'Australie. Les soldats Japonais ne cessent d'attaquer l'Australie depuis un an sans obtenir de résultat, tandis que Genghis-Khan conquit ce vaste territoire en 5 mois, et sans avions).

Genghis-Khan marcha à la tête de 10.000 armées, toujours sur son cheval. C'est le film « Boolba,

Captain » qui nous montre de la façon la plus réaliste ce qu'étaient la vie et la mentalité de ces guerriers. Ce film témoigne de la vie d'un cosaque dont le courage nous rappelle le visage de ses ancêtres, les Tartares. A cette époque, leurs messagers traversaient ce continent où se trouvent montagnes, forêts et déserts. Ils allaient en très petit nombre, parfois à deux seulement.

En 1218, Genghis-Khan partit en expédition pour 4 ans, il fut de retour au printemps 1223. Aussitôt, il repartit pour l'Inde et le Thibet, fit demi-tour en chemin, traversa les montagnes de BAMIEN, passa l'hiver à Samarkande et traversa de nouveau au printemps 1224 la rivière CHIROU. Il fut de retour en Mongolie en Février 1225 et ainsi s'achevèrent ses grandes expéditions qui durèrent 7 ans.

Ces grandes expéditions rebâtissent complètement la carte du monde et ont fait frissonner de peur toute l'Europe. Elles se poursuivront encore plusieurs dizaines d'années sous les successeurs de Genghis-Khan. Vers 1240, l'un des successeurs traversa la Volga, puis le Don, vainquit Moscou (Que Napoléon plus tard eut dans ses visées et fut obligé d'abandonner), balaya Kiev, la Pologne, l'Allemagne et conquit sans peine Budapest, capitale de la Hongrie.

On dit que l'armée Mongole à cette époque progressait de 80 kms par jour. C'est ainsi que l'empire Mongol unifia un vaste territoire sans précédent de la Sibérie au Nord, de la Mer Baltique à l'Ouest, du Thibet et de l'Indochine au Sud.

A cette époque, comment les Occidentaux considéraient-ils les Mongols ? Voici une citation qui donne la réponse (lisez attentivement les phrases soulignées). On peut facilement imaginer leur robuste constitution physique, leur bravoure et leur alimentation yang :

« Pour prouver que le plaisir et le bonheur ne peuvent durer éternellement sans lamentation sur cette terre, en cette année (1240), d'innombrables soldats de la race odieuse de Satan, les Tartares (Mongols), s'échappèrent de leur pays d'origine entouré de montagnes. Ils sortirent comme des diables de Tartarie après avoir déchiré les rochers de KARFCASSE. C'est pour cette raison qu'ils s'appellent Tartares. Se groupant comme des sauterelles qui recouvrent la terre, ils apportèrent une dévastation terrifiante dans l'Europe de l'Est, réduisirent tout à l'état de misère par le feu et ne laissèrent après leur passage que des cadavres. Traversant le pays du peuple Sarrazin, ils détruisirent les villes, abattirent les forêts, brisèrent tout ce qui était construit, déracinèrent les vignes, saccagèrent les vignobles, massacrèrent les gens des villes et ceux des campagnes. Si parfois ils pardonnèrent aux captifs qui demandaient grâce, ils les firent tomber dans une condition pire que celle d'esclaves et ensuite les emmenèrent au front de la bataille pour les obliger à se battre et s'entretuer entre voisins et compatriotes. Ceux qui tentaient de s'enfuir pour se cacher afin de ne pas se battre étaient massacrés. Même quand ces pauvres gens obéissaient et combattaient courageusement, la promesse de liberté ou de récompense n'était jamais tenue.

Les Tartares traitent leurs prisonniers comme des chevaux. Les Tartares sont sans pitié, *ils n'ont aucune pitié, jamais. Ils sont semblables à des monstres et ne sont pas humains. Ils sont assoiffés de sang. Ils déchirent les chairs des chiens et des hommes et s'en nourrissent. Ils se vêtent de peaux de bêtes et sont armés de pièces de fer. Ils sont courts et robustes, ils ont les épaules larges. Ils sont sans rivaux et invin-*

cibles. Au combat, ils ne couvrent jamais leur corps d'armure.

Les Tartares boivent volontiers le sang de leurs chevaux qui sont grands et forts. Ces diables montent sur leurs chevaux en s'aidant mutuellement ou avec une sorte d'échelle à trois barreaux, car leurs jambes sont trop courtes.

Les Tartares ne reconnaissent ni ne respectent aucune loi. Ils n'obéissent à aucune des lois que l'on rencontre là où il y a des hommes. Ils ignorent tout plaisir, quelqu'il soit. Ils sont cruels comme l'ours ou le lion. Ils utilisent pour traverser les cours d'eau des espèces de barques confectionnées avec des peaux de vaches. Ces barques peuvent transporter 10 à 12 hommes. Ceux-ci peuvent traverser le fleuve le plus rapide et le plus grand, car au besoin ils n'hésitent pas à se mettre tous à l'eau et à nager en guidant leurs barques. Lorsqu'ils ont soif et qu'ils n'ont pas de sang à boire, ils boivent les eaux impures ou bourbeuses.

Ils sont armés de sabres et de poignards ; ce sont des tireurs extraordinaires ; ils tuent sans distinction les vieux, les jeunes, les hommes, les femmes, les bébés. Ils vaquent à la tête de troupeaux domestiques et de femmes qu'ils ont entraînées jusqu'à la limite de leurs forces.

C'est ainsi qu'ils vivent dans les pays Chrétiens. Ces équipes, ces hordes arrivèrent à une vitesse d'attaque foudroyante et apportèrent une dévastation totale. Les Tartares tuèrent les Chrétiens et apportèrent l'horreur et la catastrophe partout dans le monde.

On croit que l'origine de ces Tartares, déjà atroces rien qu'en imagination, est celle de 10 races qui poursuivirent la recherche du Veau d'Or après avoir abandonné la loi de Moïse. C'est-à-dire ces races qu'Alexandre le Grand de Macédoine tenta une première fois d'enfermer entre des rochers dans la chaîne montagneuse de la mer Caspienne. Alexandre le Grand pour parvenir à ses fins et réussir cette entreprise surhumaine emprunta la force de Dieu, car la seule puissance des armées eût été insuffisante. Ainsi les sommets des montagnes se rapprochèrent et formèrent un emplacement auquel on ne pouvait accéder et d'où l'on ne pouvait sortir.

Bien que l'on ait cru que Dieu interdisait à ces diables de sortir de là, il est écrit dans le Grand Livre qu'ils réapparaîtront à la fin du monde et massacreront les gens. Cependant il n'est pas certain que ces Tartares soient le peuple qu'Alexandre le Grand a chassé et enfermé dans ces montagnes, parce qu'ils ne parlent pas l'Hébreu, qu'ils ignorent les lois de Moïse, n'ont aucune règle et ne sont pas gouvernés par ces lois. Il nous appartient dès lors de répondre à cette opinion qui, en dépit de cette contestation, affirme qu'ils appartiennent à cette race qui fut jadis enfermée comme cité précédemment. On dit que le Tartare s'apparente à la rivière Tartare qui sort des montagnes où ils furent enfermés autrefois, de même que la rivière de Damascus s'appelle " Farfare ". »

8. Pourquoi Yüan se ruine-t-il ?
La disparition d'un empire mondial sans précédent

C'est en 1227 que survint le décès de Genghis-Khan, il était alors âgé de 73 ans. Qui peut rester insensible en songeant à ces expéditions qui ont duré plus de 20 ans ?

Vingt ans d'expéditions incessantes et gigantesques en 73 ans d'existence. A l'époque de T'AI-TSUNG, le successeur de Genghis-Khan, BATU, s'engagea de nouveau dans une grande expédition à la tête de 500.000 hommes. Il attaqua et envahit la Sibérie du Sud ainsi que la Russie.

La nourriture de cette armée était extrêmement simple. Le millet était très certainement leur aliment de base. En effet, pour atteindre la violence yang qui faisait la réputation de ces hommes, leur nourriture devait être extrêmement yang. Ils ajoutaient au millet des herbes sauvages qu'ils cueillaient au hasard de leur progression. Il faut aussi savoir qu'ils mangeaient et buvaient surtout dans les villes et villages qu'ils occupaient. De toutes façons, ils se nourrissaient de produits issus de la région où ils se trouvaient et cela aussi est très important.

A la quatrième génération après Genghis-Khan, HSIEN-TSUNG envoya son frère HÜLÄGÜ en expédition, et celui-ci dévasta tout le pays des Sarrazins. D'autre part, en collaboration avec son frère KUBILAI, il attaqua et envahit tout le pays jusqu'à SSU-CHUAN et YÜN-NAN. Ensuite Kubilaï fit tomber SUNG, du peuple Han, et fixera sa capitale à Pékin.

C'est Kubilaï qui attaqua le Japon pour la première fois et il vécut avec son armée une grande défaite. Malgré cette défaite au Japon, il parvint à conquérir la Birmanie, l'Annam et Java, ce qui est tout de même surprenant.

L'époque de Kubilaï est l'Age d'Or de l'Empire Mongol. C'est ainsi que 60 à 80 ans après sa mort, l'entreprise laissée inachevée par Genghis-Khan fut pour ainsi dire menée à bien par Kubilaï. C'est le grand Empire Mongol, qui fut sans précédent. Les nouveaux et nombreux États Mongols qui naquirent en divers points, de l'Asie Centrale à l'Europe de l'Est, ouvrirent les chemins de communications entre l'Occident et l'Extrême Orient. A cette époque, aux environs de CHE-CHIANG, FU-YIN, CANTON, les entrées et sorties de bateaux augmentèrent d'une façon surprenante. Beaucoup d'étrangers vivent à demeure dans ces villes.

Marco Polo arriva à ce moment par la voie continentale et servit Kubilaï pendant 17 ans.

Kubilaï nommait toujours des mongols à la tête des fonctionnaires, ainsi il pouvait fortement opprimer le peuple Han. Il déplaça sa capitale de KARAKORUM situé à 500 kms au Sud du Lac Baikal, à Pékin distante de 2.000 kms au Sud-Est de cette ville.

Ah ! Ah ! Voilà que les descendants de Genghis-Khan atteignent enfin une plaine fertile. Ils s'installent dans cette plaine, abandonnant leur pays natal, ce vaste plateau dominé par un froid violent, où tout est aride. Voilà en réalité le début de la côte descendante de la dynastie Yüan.

C'est déjà le premier pas vers une fin que Kubilaï lui-même ne prévoyait pas. Cet événement se situe à peu près vers 1271, c'est-à-dire environ 50 ans après la mort de Genghis-Khan. En 1281, Kubilaï de Yûan reçut un cruel avertissement en attaquant le Japon. Puis les événements se précipitèrent, la côte descendante s'accéléra et 83 ans après l'établissement de l'empire, Kubilaï trouva la ruine qu'il avait lui-même créée.

Cet empire mondial sans égal qui terrifia tous les Occidentaux, qui occupa et annexa les territoires gigantesques de tout le continent Asiatique et de l'Europe de l'Est disparut 98 ans après son apparition.

En 1298, la dynastie Yüan s'éteignit. Ces paroles que nous connaissons sont-elles vaines et insensées : « Tout ce qui se remplit se videra, les violents se ruinent promptement et les arrogants sont éphémères » ?

Kubilaï fut empereur durant 35 ans, puis CH'ENG-TSUNG pendant 13 ans, puis les successeurs pendant 4 ans, 9 ans, 3 ans... T'IEN-SHUNG et MING-TSUNG régnèrent un an chacun, à la suite de quoi le pays tout entier et les territoires extérieurs entrèrent dans une agitation extrême.

SHUN-TI donna à l'empire mondial de Yüan son dernier éclat juste avant son déclin. Mais à cette époque, c'est déjà le peuple Han qui commence lentement à relever la tête. Bien que ce peuple ait été opprimé durant de nombreuses années par les Mongols et ait subi la loi de l'occupation, il n'avait jamais résisté par la violence. Il était devenu yin depuis longtemps. Toute sa conduite, son attitude, les formes de sa culture exprimaient qu'il était en réalité supérieur aux Mongols. La compréhension des Hans dans des domaines tels que la spiritualité, l'idéologie, etc.. peut être considérée comme une résistance culturelle. Ils finirent par assimiler leurs vainqueurs et occupants. Ils s'armèrent de patience, et dès que leurs vainqueurs furent suffisamment assimilés, ils n'eurent aucune difficulté à les ruiner.

C'est là la caractéristique du peuple Han et c'est aussi sa dernière chance. C'est à l'époque de Kubilaï qu'apparurent beaucoup d'œuvres et de chefs-d'œuvres tels que SAN-JUO-CHIN, SHUI-HU-CHUAN, etc... Dans ces œuvres, les auteurs, représentants du peuple, exprimaient leur mécontentement et protestaient par l'entremise de leurs héros. De leur côté, les Mongols admettaient ces œuvres, les jugeant plus faciles à comprendre que d'étudier l'histoire, les coutumes, les idéologies, les mentalités, qui étaient complexes et difficiles.

La peinture, l'art de l'écriture, la sculpture se développèrent parallèlement à la littérature. Cette attitude générale du peuple Han est analogue à celle qu'adopta la France après la guerre de 1870, lorsqu'elle dût payer de grosses indemnités, réparer les destructions et se consacra aux arts et aux sciences. Ces deux attitudes similaires sont des attitudes féminines.

Les idées de Gandhi et de Tagore rejoignent visiblement cette façon d'être. Ainsi, le grand développement des arts et des sciences chez le peuple Han durant l'administration de la dynastie Yüan mit celle-ci spirituellement hors de combat. N'est-elle pas étonnante cette attitude qui permit au peuple Han de « désosser » et « digérer » ses conquérants, plutôt que de tâcher ses sabres du sang de la révolte et se condamner ainsi à la fin qui menace tous les violents. En 100 ans, par l'écriture et l'Idéologie, le peuple Han gagna sa libération. D'autre part, Kubilaï et ses succccesseurs augmentèrent sans cesse les impôts, émirent toujours plus de billets de banque. En raison des grands projets, des expéditions continuelles et de l'administration des territoires, les dépenses obligeaient les responsables à réclamer toujours davantage ; le peuple soumis ne pouvait que se plier sous le joug.

Kubilaï adopta une nouvelle religion, le Lamaïsme et lui attribua beaucoup d'importance et d'influence. Les Lamas abusèrent de cette influence et eurent de grandes exigences. Pour toutes ces raisons, les empereurs suscitèrent de plus en plus les plaintes et l'indignation du peuple. Il devint difficile de faire venir les Mongols de leur pays natal pour les placer aux hautes fonctions de l'administration, car leur attitude était nuisible.

De par leurs origines, les Mongols étaient jadis appelés les « Barbares du Nord ». Ils supportaient bravement les difficultés de la vie, avaient une nature vigoureuse et impétueuse qui les rendait très forts au combat. Ils étaient extrêmement yang et non adaptables à une politique pacifique. Ils n'aimaient pas les complications et c'est pour cette raison qu'ils employaient aisément les étrangers et les vaincus aux postes d'administration. On comprend mieux ainsi pourquoi un jeune Italien appelé Marco Polo fut nommé Préfet.

Un autre grand problème du Yüan était l'administration centralisée des pays d'Outre-Mer qui étaient immenses. Dans ces pays lointains les Mongols qui étaient yang, furent à l'origine de bon nombre de malentendus par suite de leur trop grande hâte à juger de certaines situations. C'est ainsi que plusieurs pays se révoltèrent. Les confusions financières se multiplièrent et toutes ces causes accumulées finirent par ruiner les Yüan. On peut affirmer que la cause majeure de la ruine de l'empire Mongol est son caractère trop yang. Ainsi, les Mongols n'étaient pas aptes à s'initier à la politique, aux finances, aux idéologies, etc... Ils étaient doués uniquement pour la guerre. A cause de leur incapacité, ils durent confier les postes d'administration aux étrangers et aux Hans qui par suite prirent réellement le pouvoir. Ils n'avaient ni la capacité ni le désir d'étudier et de comprendre les idées profondes, etc..., c'est-à-dire qu'ils n'avaient pas de constance de caractère yin. En dépit de leurs gigantesques réalisations militaires qui leur permirent d'acquérir un territoire considérable, ils étaient incapables de créer parallèlement de grandes idées selon le Principe Instructif.

Cette capacité n'est donnée que par la compréhension, la maîtrise et l'assimilation de l'Ordre de l'Univers, le Principe Unique. Autrement dit, on peut affirmer que la capacité de chaque individu du peuple Yüan était incomplète (donc l'équilibre yin et yang spirituellement ainsi que physiologiquement).

Souplesse extérieure et solidité intérieure représentent l'état d'équilibre yin-yang. Afin qu'un pays, quel qu'il soit, se développe, il faut que tous les individus progressent. Ils doivent avoir une excellente force corporelle (yang) et une grande idée (yin).

Selon le Principe Instructif le meilleur moyen est toujours « d'envelopper » le corps limité yang avec l'esprit éternel yin. Même cette grande idée profonde doit avoir un système d'adaptation pratique et très simple que n'importe qui puisse comprendre n'importe où, facilement et immanquablement.

Le grand événement du début de la guerre du Pacifique et les batailles successives et victorieuses ont quelque chose de comparable aux expéditions du peuple Mongol. Et même si les victoires présentes sont par certains côtés supérieures à celles des Mongols, je ne peux m'empêcher de songer au destin tragique et misérable de la dynastie Yüan. A cause de cela je ressens au plus profond de moi une sorte d'angoisse et de mélancolie.

A l'époque du 11e empereur SHUN-TI (petit fils de Kubilaï V), le peuple Han, qui est yin, commence à s'agiter contre la dynastie Yüan et à organiser des attaques à plusieurs endroits, après avoir jugé que le temps était venu. En 1364, CHUN-TI s'enfuit en Mongolie et sa dynastie s'éteint. Lorsque le yang du Nord atteint son extrêmité, il est battu par le yin du Sud.

Que la vie est donc éphémère, tout comme une fleur qui éclôt le matin et se fane l'après-midi. Ce destin nous démontre la brièveté tragique du yang : plus le yang est fort, plus sa vie est courte.

CHU-YÜAN-CHANG prend la place de l'empereur vaincu sous le nom de T'AI-TSU de MING.

9. LA PLUME DU STYLO QUI RUINA L'EMPIRE MING. MÉTHODE POUR FONDER UN ÉTAT A L'AIDE D'UNE LOI COMPRENANT SEULEMENT 3 ARTICLES

Semblable aux herbes qui commencent à pousser au printemps après une longue période d'hiver, le peuple Han reprit peu à peu ses activités après la longue oppression de l'occupant Mongol. Jusque là, ces activités avaient été latentes et étaient ainsi parvenues à échapper à la surveillance de l'oppresseur, mais à partir de ce moment, tout ce qui avait été soigneusement cultivé et entretenu va apparaître au grand jour. Il nous est donc permis de juger que les Mongols n'ont jamais été vraiment victorieux ailleurs que sur un champ de bataille.

A partir de 1364, la situation évolue rapidement lorsque CHU-YÜAN-CHANG lève une armée et attaque ouvertement Pékin, devenue capitale Mongole, qui cède et finit par tomber. Chu-Yüan-Chang était le fils d'une misérable famille de cultivateurs qui travaillait durement la terre. Pendant sa jeunesse, il avait été étudiant, pensionnaire dans un monastère et était devenu bonze.

Après cette victoire par les armes, Chu-Yüan-Chang, devenu empereur fixe sa capitale à Nankin. Il entreprend sans retard le rétablissement total de son peuple, le peuple Han.

Le fils de Chu-Yüan-Chang, HUI-WANG, devint empereur à son tour. Il sera dépossédé de son titre par son oncle CH'EN-TSU qui devient le 3e empereur de MING. CH'EN-TSU, 3e empereur, transporte sa capitale à Pékin. Il en profite pour exterminer les descendants des Yüan qui sévissent encore dans le Nord, puis il expédie sans retard des bateaux de guerre dans les îles de l'Océan Pacifique et de l'Océan Indien, désirant prouver avant toute autre chose la puissance militaire de son empire.

Toutefois, Ch'en-Tsu de Ming tente de gouverner à l'intérieur de son empire au moyen de la politique qui caractérise le peuple Han, « yin ». On peut dire en règle générale qu'il obtint certains succès, relatifs, mais cependant appréciables. Bon gré, mal gré la paix dura environ 300 ans, c'est la vertu du yin qui est faible dans l'action mais long dans la durée, tandis que le yang est vigoureux dans l'entreprise mais généralement bref. Yang est court. Ce principe est applicable non seulement à la vie humaine individuelle, mais aussi aux entreprises des états, aux peuples, aux races, aux microbes, à tous les êtres vivants et même aux constitutions inertes, inanimées, ainsi qu'à ce qui est humainement invisible.

C'est pour cette raison que le Principe Unique est un principe qui unifie non seulement le monde physiologique et biologique des êtres vivants, mais aussi le monde de la physique et de la chimie. C'est-à-dire que ce Principe yin-yang unifie sans cesse et pour toujours tous les phénomènes : matière, non-matière ; Est-Ouest ; science et religion.

L'empire pacifique MING (yin) sera très souvent

menacé par des envahisseurs étrangers, puisque yin attire yang. Il sera finalement ruiné à cause de ces ennemis étrangers. Yin est trop faible et yang trop brutal.

Le premier de ces perturbateurs incessants était le Mongol « Barbare du Nord ». Comment pouvait-il accepter sa nouvelle condition en songeant à son immense empire d'autrefois ? Son désir était de gouverner à nouveau, par le seul moyen qu'il connaisse, un moyen yang. En 1335 apparut à Samarkande le chef Mongol TIMUR qui désirait continuer l'entreprise de Genghis-Khan. Il envahit de nouveau l'Europe de l'Est et l'Asie de l'Ouest, attaqua les Indes, menaça Rome et finit par attaquer avec toutes ses forces militaires l'empire Ming. Mais son ambition d'atteindre l'empire Ming des Han fut déçue, car il mourut à la suite d'une maladie. Et chez les Mongols, lorsque survenait le décès du chef, toutes les troupes armées qui se trouvaient dehors de leurs territoires faisaient route sans tarder pour regagner leur pays.

Les successeurs de Tïmür ne cesseront de tenter l'invasion de l'empire Ming.

De plus dans la mer Est la flotte Japonaise apparaissait et inquiétait les bords de la mer de Chine.

Il y a aussi les propres pirates de l'empire Ming qui agissent violemment, pillant, rançonnant et brisant sans cesse l'ordre. Et bientôt le Shogunat HIDEYOSHI attaque la Corée. L'empereur Ming envoie ses troupes pour contre-attaquer les Japonais, mais il échoue et subit une pénible défaite.

Les troubles extérieurs surviennent toujours lorsque le pays devient yin, ce qui invite les petits pays yang voisins à tenter une invasion. Un état qui s'agrandit est en train de devenir yin en raison de sa dimension et les petits pays yang calculent alors ce qu'il y a lieu de faire. Toutes ces inévitables péripéties entraînent le grand pays dans des difficultés financières. Ces difficultés obligent le gouvernement à augmenter les impôts, les taxes et le contrôle répressif, la nation toute entière va subir les assauts des fonctionnaires qui vont tenter de freiner le marasme. C'est l'ultime période de tout pays atteint de ces troubles. Le peuple Han a toujours vécu dans un désir de paix et de conciliation... (C'est le désir issu de sa compréhension du Principe Instructif.)

Tous ces troubles extérieurs et cette agitation intérieure démontrent que les leaders étaient devenus ambitieux et en proie à des désirs matérialistes. Leurs désirs sensoriels et leur arrogance animaient toutes leurs entreprises, c'était alors la seule raison qui guidait leur jugement. C'est ainsi que le pays fut gouverné sous le règne de SHIH-TSUNG, 11e empereur, tandis qu'il parviendra à repousser et contenir les ennemis de l'Est.

Le 13e empereur SHÊNG-TSUNG, connaîtra la défaite, ne pouvant plus résister aux envahisseurs du Nord et de l'Est. C'est en 1600 que le désordre et la défaite seront complets.

Le règne de HSÜANG-TSUNG, de 1426 à 1435, marque l'apogée de l'époque Ming, après quoi viendra la côte descendante. La dynastie Ming s'affaiblira de plus en plus, 60 à 70 ans après la prise de pouvoir de T'AI-TSU qui avait ruiné les Yüan. Les Ming s'affaibliront de plus en plus en raison de leur inertie et seront complètement ruinés en 1661. A l'époque du vingtième empereur, soit 294 ans après son apparition, l'état Ming du peuple Han qui avait eu tant de difficultés à se rétablir, disparut à nouveau.

La cause de cette disparition est le laisser-aller yin

qui engendre la faiblesse et finit par faire perdre de vue la solidité yang si nécessaire.

Les troubles intérieurs naquirent en raison de l'exigence des fonctionnaires et les troubles extérieurs furent provoqués par les Mongols et les Japonais. Il faut surtout bien retenir que la cause de la perte de la compréhension et de l'ordre chez un peuple est toujours d'ordre alimentaire. Le peuple se nourrit de n'importe quoi, ce qui accroit sa cupidité et son désir de vie luxueuse. Tout ce qui peut apporter la satisfaction des désirs sensoriels est alors particulièrement apprécié. La prédominance de la vie des sens est l'expression de l'ignorance de l'Ordre de l'Univers. Tout ce qui se développpe à l'époque Ming est sans exception yin. Par exemple, à la cour ce sont les eunuques qui ont toujours eu une grande part de responsabilité dans la disparition d'une dynastie. Ils assuraient le contrôle et la surveillance des femmes de l'empereur.

La littérature, les arts, les études de CHU-TZÙ-HSÜEH et de YANG-MING-HSÜEH, qui sont yin, se développpaient chez le peuple (le fameux roman fleuve « SHI-YU-KI » est apparu à la fin de cette époque yin). Tous ces yin successifs et accumulés ruinèrent totalement la dynastie MING.

La plume peut devenir l'arme meurtrière qui ruine un pays, mais on ne peut jamais la contraindre par l'oppression puisque les idées, qui sont yin, ont une nature expansive ; si on les oppresse d'un côté, elles prennent de l'ampleur de l'autre. C'est comme si l'on tentait de capturer un poisson chat avec une gourde.

Nous avons souvent pu constater depuis l'époque de SHIH-HUANG-TI, que dès qu'apparaissent des idées ou des répressions de l'opinion publique, le moment de la ruine est proche.

Le seul moyen de sauver le pays de cette situation désordonnée, de la guerre et de la maladie est de diffuser et d'enseigner l'Ordre de l'Univers, le Principe de MAKOTO. Ce principe de paix et d'harmonie est un système simple et compréhensible pour tous.

Si l'on diffuse les points essentiels de ce principe comme une tradition, alors le pays conservera la paix, ne connaîtra jamais la ruine, car quoi qu'il advienne, il se rétablira promptement.

Mais ce que nous devons retenir est que les opinions et les idées d'un peuple tombent dans le désordre par suite de l'ignorance des responsables en ce qui concerne l'Ordre de l'Univers. Ces dirigeants vendent leur vie pour du pain, ils mènent une existence dualiste, séparant toujours leur métier de leur vie alimentaire. En fait, ils ignorent complètement que leur métier est un amusement et leur alimentation un travail. Aussi il devient évident que les leaders ne peuvent donner au peuple une interprétation correcte du Principe Instructif, et lorsque les désordres publics, sociaux, etc... surviennent, les seuls remèdes utilisés sont alors le mensonge et la violence, et cela inévitablement. A travers l'histoire de tous les pays du monde entier, il n'y a pas un seul exemple d'une personne qui a sauvé son pays de la confusion, de la violence, de la misère, en appliquant un Principe Instructif immuable qui montre la voie de l'Ordre et de la Paix.

Il est très facile d'instituer une loi en 3 articles sur le plan national. Il est tout-à-fait possible de diminuer les impôts, les taxes et de rendre inutile les châtiments si l'on prend l'Ordre de l'Univers pour fondement de l'éducation publique, et surtout si l'on démontre que l'on est soi-même selon ce Principe. Celui-ci est le seul moyen pour mener une vie heureuse et pour pouvoir guider le peuple dans l'ordre et dans la joie, à tous les stades, primitifs ou scientifiques ultra-modernes. C'est la base essentielle d'une paix nationale et d'une paix mondiale. C'est la possibilité d'une paix mondiale par la santé individuelle qui est à l'origine de la paix familiale qui elle-même engendre la paix à l'échelle des pays.

Dans le grand livre de FUANG-TI (fondateur de la médecine Chinoise) on peut lire que la loi unique pour la création d'un homme sain repose sur deux articles :

1) Avoir l'exactitude du boire et du manger.

2) Avoir la constance dans une règle de vie (Ces deux articles sont réalisables uniquement par l'Ordre de l'Alimentation).

L'ordre dans le monde : la paix.

L'ordre dans l'État : la politique.

L'ordre dans la famille : la fraternité.

Tout cela a avant tout pour base l'établissement de l'ordre chez l'individu. L'ordre chez l'individu : un corps yang, sain, et un esprit, yin, qui a la profondeur infinie. Cet ordre qui s'appelle aussi la santé commence par GYO (la pratique, l'entraînement constant) qui est l'assimilation correcte du Principe Instructif alimentaire, l'ordre du boire et du manger. A toutes les époques pacifiques, la prospérité commerciale, conséquence de l'expansion économique, amène le peuple à absorber des produits qui ne répondent plus à l'Ordre alimentaire. On peut dire que la ruine se crée en temps de paix.

Ce qui ruina le grand empire Ming fut la culture,

les idées, les études et les arts. Le grand yin (c'est-
à-dire la culture) de l'empire Ming fut la cause fâcheuse
des troubles extérieurs et intérieurs yang. Ainsi tous
les échecs et toutes les ruines d'un pays ou d'un individu sont dus soit à un excès, soit à un manque de
yin ou de yang.

10. Une méthode pour conquérir ses conquérants.
La grandeur du peuple Han

Dès que la dynastie Ming s'engage dans la côte
descendante après son âge d'or, apparaît le peuple
nordique MANDCHOU. C'est encore un peuple né dans
le climat yin du Nord qui montre la tête, devient fort
et entreprenant.

Le chef NOUROUHATI venu du centre de la Mandchourie voit sa célébrité augmenter et fixe sa capitale
à MOUKDEN. Il appelle son pays T'AI-CHIN et se
prépare à attaquer la dynastie MING en descendant
vers le Sud en 1616. Le fils de Nourouhati envahira
la Mongolie et la Corée et nommera son pays CH'ING.

En 1664, le pays connaît beaucoup de bruit et d'agitation et des révolutionnaires entrent en lutte contre
la dynastie Ming. Ils finiront par encercler Pékin et
faire ainsi tomber la capitale. Le dernier empereur
Ming obligera sa femme à se suicider et tuera son fils
avant de se suicider lui-même.

A toutes les époques, la fin d'un grand empire est
toujours tragique. C'est une loi inexorable, comme par
exemple la fin de la Russie Tsariste, celle de Napoléon,
de SHIH-HUANG-TI, etc... On ne peut jamais échapper
à cette loi : « A son extrémité, yang produit toujours

yin ». La dynastie Ming dura 277 ans, 17 générations d'empereurs à partir de T'ai-Tsu.

Toujours en 1664, le fils aîné de Nourouhati, SHIH-TSU, attaque Pékin, entre en vainqueur dans la capitale et occupe sur le champ tout le pays Ming. Comme Ming était avant tout un grand pays beaucoup plus développé que la Mandchourie, l'administration en était extrêmement difficile. Cependant le peuple Mandchou n'était pas excessivement yang, car il était originaire d'une région plus à l'Est que la Mongolie, c'est pourquoi son administration était relativement douce et conciliante, parfois même faible.

SHIH-TSU continuera à observer et à respecter beaucoup de cérémonies en usage à l'époque Ming. Il fera construire le temple de Confucius, désignera les descendants de Confucius pour des postes importants. Enfin il s'efforcera d'être aimable envers le peuple Han. Mais s'apercevant que son amabilité engendre une certaine faiblesse et un manque d'autorité dans l'administration Mandchou, il décide quelques mesures disciplinaires. C'est ainsi qu'il obligea les Mandchous à adopter une certaine coiffure (cheveux rasés sur le pourtour de la tête et conservés très longs sur le dessus afin d'en faire une natte). Cette décision avait surtout pour but d'empêcher les occupants Mandchous d'être assimilés par le peuple Han en leur rappelant que cette coiffure était traditionnelle en Mandchourie. Cette mesure, apparemment inutile, fut importante, mais elle n'atteignit pas son efficacité totale, car les occupants Mandchous avaient déjà oublié l'identité de l'homme et de son milieu.

Le 4e empereur K'ANG-HSI-TI était un excellent homme. Ainsi l'âge d'or de la dynastie CH'ING se poursuivra pendant 130 ans à partir de K'ANG-HSI-TI jusqu'au 6e empereur CH'IEN-LUNG-TI. Les territoires s'agrandiront de plus en plus, les armées pénètreront jusqu'en Mongolie extérieure et au Thibet. Ces armées luttaient contre les Russes menaçants qui arrivaient par la Sibérie, et les combats étaient fréquents depuis l'époque Ming. Les arts, les sciences de tous genres se développaient. C'est à cette époque qu'apparut l'encyclopédie sans égale SAÜ-K'U (36.275 volumes, 2.290.916 pages qui renferment toute la littérature classique), l'encyclopédie CHU-TSU et le grand dictionnaire de K'ANG-HSI-TI. Fut également publié le roman de HUNG-LOU-MÊNG, très réputé pour son style, sa recherche de pensée et sa beauté ; il est classé parmi les chefs-d'œuvre et de nos jours beaucoup d'écrivains empruntent encore des phrases puisées dans ce livre. C'est l'époque florissante de K'ang-Hsi-Ti et de Ch'ien-Lung-Ti qui demeure remarquable et respectée de nos jours.

En dépit de cette époque extraordinaire, lorsque le nouvel empereur JÊN-TSUNG, accède au trône, les troubles intérieurs recommencent à apparaître. C'est la révolte de HUNG-HSIU-CH'ÜAN du peuple Han que l'on appelle « la révolte aux longs cheveux ». Les troubles extérieurs comme la guerre de l'opium aggraveront encore la situation. Les Anglais et les Français qui ont envahi le territoire se trouvent mêlés aux troubles intérieurs de la Chine. Ils organisent une armée unifiée et repartent à l'attaque. De leur côté, les Russes pénètrent en Mandchourie par le Nord et occupent différentes provinces. L'empire de Ch'ing subira une grave défaite dans ses combats contre la France et perdra l'Annam (Viet-Nam). Bientôt, la guerre contre le Japon commencera. Les Allemands prendront KUANG-CHOU-WAN et les Anglais WEI-HAI-WEI. Mais bientôt KUANG-CHOU-WAN sera occupé par les Français et les Russes loueront de force Port-Arthur.

L'époque de la ruine d'un grand pays est tragique et misérable, et la chute d'une famille fortunée l'est également.

L'empire de Ch'ing du peuple Mandchou est à cette époque sur la côte descendante, c'est la fin du 19e siècle. Cet empire se ruinera rapidement et complétement, en 1912, tout sera terminé. La dynastie Sing existait depuis 268 ans. Dans une telle confusion les responsables ne savent plus à quel saint se vouer. Cependant, parurent un ou deux hommes fidèles à leur patrie, qui furent chassés et exécutés. Durant cette situation, le peuple prit peur et s'unit pour chasser les étrangers. L'organisation militaire I-HO-TÜAN s'ébaucha dans la région de SHAN-TUNG, mais la dynastie Sing touche malgré tout à sa fin.

Les armées gouvernementales envoyées pour calmer et mâter les rebelles vont s'unir à eux pour attaquer collectivement les étrangers. Le gouvernement ne sait plus que faire pour enrayer cette violence générale et reprendre en mains le contrôle du peuple.

Ayant remporté la victoire, les armées alliées étrangères exigent du gouvernement des dédommagements fixés à 450 millions de Liang qui seront doublés par l'intérêt annuel.

En raison de ces exigences, les difficultés financières furent extrêmement nombreuses, comme à la fin de chaque dynastie.

Recherchons maintenant la cause de toute cette misère. Toutes les études florissantes, arts, sciences occidentales, littérature, architecture, etc... n'étaient pas celles qui recherchent la vérité éternelle, l'Ordre de l'Univers. Toutes ces études n'étaient en somme que des facilités ou des commodités ou des livres et des théories non pratiques. La plupart était séparée de la vie réelle.

Même l'empereur K'ang-Shih-Ti a confondu le plus grand but de sa vie, le bonheur (yin) avec la commodité, le plaisir, la violence (yang). Sa grande entreprise était sans égale au monde, mais il commit la très grave erreur d'effleurer seulement la vérité. Cette merveilleuse culture n'était pas la culture Mandchou, c'était simplement une copie de la culture Han et de la civilisation occidentale.

Bientôt éclatera la guerre Russo-Japonaise (1904-1905), entre temps, les organisations secrètes qui ont pour but d'expulser les Mandchous se développent et prolifèrent. L'organisation HSING-CHUNG-HUI dirigée par SUN-WÊN exige avec violence la chute de l'empire et la création d'un gouvernement républicain. En 1908, à la suite de la mort soudaine du 11ᵉ empereur TÊ-TSUNG et de l'impératrice HSI-T'AI-HOU, le 12ᵉ empereur HSÜAN-T'UNG-TI n'a que 3 ans lorsqu'il est couronné. Alors le mouvement révolutionnaire éclate véritablement en 1911 et c'est LI-YÜAN-HUNG, leader révolutionnaire, qui ouvre le feu des grands combats.

L'année suivante, les armées révolutionnaires ne cessent de se renforcer et SUN-WÊN devient président provisoire de la Chine nationaliste qui établit son quartier général à Nankin. En Février 1912, HSÜAN-T'UNG-TI abdique et c'est YÜAN-SHIH-K'AI qui devient officiellement président. Une difficulté surviendra, car ce président montrera des velléités de devenir empereur, mais sa mort rétablira la situation.

De tous temps les guerres entre l'Est et l'Ouest se sont rarement produites, mais il n'en est pas de même entre le Nord et le Sud à cause des différences climatiques et alimentaires, l'alimentation du Sud étant yin et celle du Nord yang. Les deux peuples du Nord et du Sud ne parviennent pas à s'entendre très facilement à cause de la différence de caractère créée par ces alimentations différentes. Les guerres ou les conflits entre Nord et Sud continueront à éclater dans l'avenir.

Pourquoi cette dernière dynastie s'est-elle ruinée ?

La raison en est très simple, c'est la même que pour la dynastie Yüan. Les peuples qui ont été entraînés dans le climat yin du Nord sont yang de nature. Les produits agricoles qui poussent bien en pays yin et supportent le climat froid sont toujours très yang. Il en est de même pour les boissons et les animaux comestibles. On ne peut conserver une santé solide dans un pays froid yin si l'on se yinise par une alimentation yin à cause de laquelle on ne peut se retenir de boire. Et, si le peuple Nordique devient de plus en plus yang, il voudra attaquer les peuples faibles yin qui absorbent les nourritures yin du Sud. Le yang du Nord est toujours attiré par le yin du Sud. Si au Nord, on prend une nourriture yin sans connaître ce principe de vie, on ne se développe pas, on n'a pas le courage de tenter une attaque du Sud, on tombe malade et on dégénère. Si l'on mange du sucre et des fruits continuellement et en abondance, ces produits du pays yang du Sud nous rendent inévitablement malades et nous conduisent à la ruine. Même un État se ruinera de cette façon si le peuple n'y prend garde. C'est pour cette raison que les peuples de Mandchourie et de Mongolie ne réclament comparativement ni sucre, ni fruits comme les oranges, les bananes, etc... Les Russes modernes aiment les bonbons et les chocolats, boivent beaucoup de thé sucré et aiment aussi les alcools du Sud. Voilà probablement pourquoi ils se

yinisent de la sorte. Les émigrants Japonais en Mandchourie suivent les méthodes alimentaires modernes,
et nuisent ainsi à leur santé.

Dès qu'il fut à la tête du continent Chinois, le peuple
Mandchou invita les gens de son pays natal à s'installer
au Sud comme l'avaient fait auparavant les dirigeants
de l'Empire Yüan. Les Mandchous adaptèrent la culture
Han à la Mandchourie, ils adoptèrent la vie plus yin
du peuple Han. Le peuple Mandchou devint aussi yin
que le peuple Han et c'est ainsi que les occupants
tombèrent au niveau des occupés. Celui qui développe
ses racines sur terre depuis des milliers d'années
gagne naturellement dans la lutte pour la vie, car il a
plus d'adaptabilité à la terre qui engendre la vie. C'est
ainsi que le peuple Han conquit le peuple Mandchou
naturellement et sans aucune violence. Beaucoup de
Mandchous quittèrent leur mère-patrie, et émigrèrent
en territoire Han. Ils vécurent richement en tant que
leaders, et un tel mode de vie les affaiblit. En conséquence, la natalité diminuait. Ainsi ils perdirent de
plus en plus leur situation d'occupants, bien mieux,
il y eut 7 ou 8 fois plus de Hans que de Mandchous
et cela même en territoire Mandchou. Actuellement
ce qu'on appelle état Mandchou est une région où l'on
trouve plus de Hans que de Mandchous, c'est donc, du
point de vue de la population, le pays des Hans. Alors
que le peuple Mandchou croyait avoir conquis la mère-
patrie de Chine en gouvernant à Pékin et en développant la culture, il était tout simplement assimilé sans
le savoir.

De plus, leur mère-patrie était totalement envahie
par le peuple Han. On voit parfois cette sorte de choses
dans l'histoire de l'humanité. Pourquoi se produit-il
de semblables phénomènes ? Pourquoi les violents se

ruinent-ils et les arrogants éphémères disparaissent-ils ? C'est l'Ordre de l'Univers qui nous donne l'explication de ces secrets. Il est très facile d'être l'ultime vainqueur en ce monde, il suffit d'assimiler la pratique et de vivre selon le yin et le yang.

La personne ou l'État capables de réaliser cela sont extrêmement rares. Mais cela existe tout de même à l'échelle de l'homme : c'est celui qui possède le bonheur éternel et infini ; quant à l'État, c'est celui qui se perpétue et durera toujours.

11. « YI-KING », PRINCIPE ÉTERNEL ET UNIVERSEL. LA PAIX DE CEUX QUI VIVENT DANS LE PRINCIPE UNIQUE

Ce que nous devons apprendre soigneusement est l'attitude du peuple Han (peuple Chinois) éduqué depuis toujours selon un Principe Instructif. Remarquons les points importants suivants :

1) Le peuple Han est très patient (Il dit : « Attendons une centaine d'années et la Rivière Jaune deviendra limpide »).

2) La base fondamentale est l'agriculture (Dès qu'il vit dans un endroit nouveau, il commence par cultiver la terre, c'est-à-dire qu'il pose les fondements même de la vie).

3) Il est laborieux, travailleur, courageux (Il obéit à ses propres dictons tels que : On cultive la terre quand il fait soleil ; on dort après le coucher du soleil. Quand on a soif, on creuse un puits ; on travaille la terre pour manger). Cependant au fond il est yin et il y a des gens de la haute société qui malgré tout n'aiment pas travailler.

4) Il a l'esprit de famille et est très attaché à l'union familiale (Il n'est absolument pas individualiste).

5) Il respecte l'éducation et la tradition selon le Tao, c'est-à-dire la voie du Yin-yang, la logique universelle. Il a l'indulgence de respecter et d'admirer n'importe qui, même les étrangers, comme ses dirigeants, son souverain, si ceux-ci sont de véritables dirigeants réalisateurs de la Voie et constructeurs de l'Ordre.

6) Il respecte les personnes érudites, les véritables savants. Toutefois, ce que ces savants étudient doit être le Tao, l'ordre, la vérité, l'étude pratique de la vie (Il va de soi qu'il ne s'agit nullement d'étude de connaissances partielles et relatives).

7) Il respecte la vie (Sa compréhension de la vie équivaut à mettre de l'ordre dans sa vie alimentaire. La vie humaine est aussi celle de l'univers, elle est une figure provisoire de l'ordre de la grande nature).

8) Sa confiance en lui-même est inébranlable. Il est sûr que sa mentalité a pour base la compréhension du Principe Unique. Le mot qu'il emploie en toute occasion est « MEI-YU-FA-TZE » et il n'est pas caractéristique d'un esprit défaitiste, mais il signifie : « Celui-là ne comprend pas. Rien à faire ! Il comprendra tôt ou tard, l'Ordre de l'Univers infini est absolu. La seule chose à faire est d'attendre ! ».

9) Le peuple Han est l'auteur de la découverte du Principe Unique en même temps que son réalisateur. Sa façon de vivre et son Principe Instructif, qui se manifeste dans toute son attitude, sont profondément admirables et c'est ce que nous devons comprendre parfaitement.

Le peuple Han est magnifiquement décrit dans les 9 points ci-dessus. Les 8 premiers indiquent en réalité qu'il vit très respectueusement ; le 9ᵉ, celui-ci est le Principe Unique, le Makoto. On comprend mieux ainsi son attitude au moment des grands évènements : Shih-Huang-Ti, pourtant dictateur violent, a épargné les livres de l'Agriculture, de la médecine traditionnelle et de l'Yi-King, tandis qu'il faisait brûler tous les autres. Aujourd'hui encore Lao-Tseu est très respecté. Partout encore on voit sur les décorations et les fresques d'architecture les signes yin-yang. Même sur le mobilier, tel que les chaises, armoires, etc... Tous les livres des sages Chinois ne sont que des notes explicatives pour la compréhension du Principe Unique yin-yang. Ainsi l'histoire de la Chine vieille de 5.000 ans débuta avec l'Yi-King de Fou-Hi et nous parvient aujourd'hui à travers les signes yin-yang qui décorent les gâteaux de riz que l'on vend dans la rue.

Comment est-il possible que l'Yi-King de Fou-Hi nous soit parvenu à travers toutes les époques ? Pourquoi l'Yi-King est-il comme éternel ? Parce qu'il est véritablement universel et unique, parce qu'il est la Vérité. Et la raison de la grandeur du peuple Chinois Han se trouve dans sa manière de vivre qui a pour base ce grand principe. Tout lui vient de ce Principe Unique, que ce soit sa patience, son caractère laborieux, la qualité de son agriculture, son sens familial, son désir de mener une vie saine. Après chaque intrusion des armées étrangères, il effaçait tout vestige de l'occupant, retravaillait la terre, ensemençait, moissonnait... Mais on peut se demander alors pourquoi tant de troubles sur ses territoires. C'est parce qu'ils sont animés de cet état d'âme « MEI-YU-FA-TZU » ou « Attendons une centaine d'années et la Rivière Jaune deviendra limpide ».

K'ang-Hsi-Ti exprime avec amertume : « On ne peut

pas collaborer profondément avec le peuple Han ».
En réalité, ce n'est pas juste. Certes, les gens du Nord,
comme les Allemands en Europe ou les Mongols en
Asie sont vigoureux, décidés, braves et fidèles en raison
de leur yang. Mais d'un autre point de vue, on peut
dire qu'ils sont simplistes et n'ont pas d'idées person-
nelles profondes, qu'ils aiment l'uniforme et les décorations. Chez le peuple Han il en est autrement. Les
Hans possèdent tous le Principe Instructif, à des degrés
différents bien sûr, ce qui fait qu'ils ont des opinions
différentes et forment un ensemble varié, de plus ils
ont une grande confiance en eux-mêmes et dans l'Ordre
de l'Univers, la grande nature. Voilà pourquoi il semble
que l'on ne puisse pas collaborer avec ce peuple. La
véritable cause de la mésentente entre la Chine et le
Japon d'aujourd'hui est la même que ce qui est dit
ci-dessus. On ne peut pas affirmer que le peuple Han
ne collabore jamais pour atteindre un certain but.
La preuve en est que le peuple Han, vieux de 5.000
ans au moins est passé à travers toutes les difficultés
jusqu'à ce jour. La coopération pour la réalisation
d'un but signifie que les gens sans originalité suivent
aveuglément une idéologie obligatoirement yin ou
yang telle l'économie ou la politique. L'âme est une,
infinie, libre et unique. Ceux qui ne comprennent pas
ou refusent cette nature unique de l'âme tentent en
vain de rassembler les âmes d'un peuple.

K'ang-Hsi-Ti lui-même croyait inconsciemment que
l'âme était multiple et comprenait imparfaitement la
nature moniste de l'univers. Il étudia ardemment les
sciences occidentales, surtout l'astronomie et les
mathématiques. Mais il n'apprit pour ainsi dire rien
de Lao-Tseu lorsqu'il devint adulte.

Si l'on considère que l'âme est multiple (bien qu'elle

soit moniste dans son expression) dans un monde infini et absolu, UN, c'est avouer que l'on a oublié ou que l'on ignore le Principe Instructif Unique. C'est dire que l'on ne peut voir la nature absolue de la grande âme infinie et que l'on considère les corps individuels d'une façon myope et microscopique.

Les savants Occidentaux affirment que l'adaptabilité du peuple Han est la plus grande du monde. Ce n'est qu'un cri de surprise dû au fait qu'ils ignorent l'efficacité du Principe Unique sur ce peuple. Je le rappelle à nouveau, le peuple Han vit sainement en toutes choses selon le Principe Unique du Yi-King. Un jour ce Principe unifiera l'âme et la matière, l'Est et l'Ouest, la science et la religion, et ainsi s'établira dans le monde un ordre nouveau. Quelle sera la profondeur de la surprise des Occidentaux, que diront-ils alors ? Cette réalisation sera opérée inmanquablement par la coopération des Japonais et des Chinois.

Cette merveilleuse adaptabilité est la fameuse idée victorieuse des vainqueurs. Comment cette grandiose et profonde idée est-elle née ? C'est une question très intéressante et nous devons y réfléchir pour mieux comprendre.

Pourquoi ce peuple vit-il tant de guerres et de révolutions durant 3.000 ans, alors qu'il vivait avec le Principe Unique du grand Yi-King, comme compas de la vie ? L'Histoire de la Chine vieille de 4.000 ans a vu jusqu'à 14 dynasties. Ces dynasties ont unifié la Chine toute entière. D'ailleurs les états, les petits royaumes qui occupaient une partie de Chine se comptent par dizaines. Il y avait même de temps à autre des races étrangères parmi les unificateurs et les occupants. Pourquoi tout cela ? Pour résoudre cette question vous devez ouvrir une fois encore votre atlas

du monde. La Chine n'est pas un pays comme ceux
que l'on trouve en Europe. Quoiqu'elle soit toujours
grande, jadis c'était un monde plutôt qu'un pays. C'est
un monde qui a les caractéristiques d'un pays, totalement différent des petits pays que l'on compte par
dizaines dans une petite péninsule.

Il s'agissait de l'unification d'un pays aussi vaste,
ayant une superficie 10 fois plus grande que celle de
l'Europe et une population qui comprenait à peu près
la moitié de l'humanité. Ni Napoléon, ni Hitler ne
parvinrent à une réalisation aussi grandiose. L'unification d'un tel pays, à une époque où les communications n'existaient pas, ne s'est jamais réalisée en
Europe.

Une dynastie gouvernait pendant 400 ans en
moyenne. En Europe, aucune dynastie ayant adminis-
tré un pays aussi longtemps n'a jamais existé.

Selon un historien, durant les 150 dernières années,
il y a eu plus de 300 congrès de paix en Occident.
Quand on compare l'histoire vieille de 4.000 ans de
la Chine avec l'histoire assez confuse de l'Europe, on
peut penser que la première était bien celle de la
paix tandis que la dernière était celle de la guerre.
D'autant plus que les conflits et les guerres en Chine
étaient assez étranges, ce qui permit à LIN-YÜ T'ANG
de dire « En Chine beaucoup de gens ont entendu
parler de la guerre, mais rares sont ceux qui l'ont
vue ».

Il y a une dernière question très importante. Pourquoi la Chine, qui a une grandiose conception du
monde à travers l'Yi-King, le Principe Unique, n'a-t-elle
pas encore brillamment réalisé la théorie de « la grande
famille mondiale universelle » ?

Je répondrai simplement : parce que les savants

d'autrefois ont transformé le système simple et compréhensible pour tous en un système compliqué, difficile et mystérieux, et de plus, ils l'ont séparé de la vie pratique quotidienne.

12. « BIENHEUREUX LES DOUX, CAR ILS POSSÈDERONT LA TERRE »

Pour la première fois depuis 50 ans, j'ai lu l'histoire de la Chine. Cette lecture m'a apporté une grande joie, la même que celle que me donnent les souvenirs d'avant ma naissance et ceux de mon pays natal spirituel. Chaque page en était passionnante et m'a donné la nostalgie du passé. Chaque ligne était comme un tube à essai du Principe Unique. Alors, pour la première fois de ma vie, j'ai écrit ce petit livre d'histoire, en hâte comme d'habitude. Il doit y avoir beaucoup de fautes dans ce livre. J'ai le joyeux espoir que les spécialistes de l'histoire me feront leurs critiques et leurs remarques. Je ne puis contenir ma joie, car j'ai appris beaucoup de choses merveilleuses en lisant l'histoire de la Chine, beaucoup plus que je n'en puis citer ici. Quoi qu'il en soit, en ces 3 jours pendant lesquels j'ai écrit ce livre, j'ai acquis une ferme conviction. J'ai observé un vaste monde et moi qui y ai pénétré, j'ai compris que mes fautes les plus grandes — impatience et gourmandise — commencent à fondre doucement comme neige au soleil.

Ma reconnaissance envers l'utilité pratique et grandiose de la conception du monde par le Principe Unique n'a cessé de croître. A présent, à la fin de ce livre, je voudrais transmettre rapidement les choses les plus importantes que j'ai apprise du peuple Han Chinois.

1. L'histoire de la Chine nous enseigne que le Principe Unique règne avec précision sur le grand monde créé par l'unité d'un peuple.

2. Le peuple Han est un grand peuple, et sa grandeur s'est trouvée accrue par la conception du monde du Principe Unique.

3. De même que Tagore et Gandhi étaient spirituellement à l'extrémité yin et à l'extrémité yang du peuple Indien, Confucius et Lao-Tseu furent les deux pôles spirituels du peuple Han, et ce sont eux qui ont fait fleurir la culture.

4. La raison pour laquelle le peuple Han n'a pas perdu sa grandeur après 5.000 ans est, me semble-t-il, la suivante : il a sans cesse reçu les influences raciales des robustes Barbares du Nord ou de l'Ouest.

5. Je me suis vu contraint à une profonde réflexion : « Yin est le dernier vainqueur, yang est le premier vainqueur ».

6. Le plus grand leader du peuple Han à l'avenir sera celui qui a assimilé et approfondi totalement la conception du monde du Principe Unique à travers la pratique de la Macrobiotique. De plus, il doit avoir la capacité de traduire ou d'interpréter le Principe Unique (la forme primordiale du Yi-King) en cette langue moderne appelée science.

7. Les conditions ci-dessus sont les caractéristiques d'un leader pour tous les peuples, et non seulement pour le peuple Han. K'ang-Hsi-Ti et Ch'ien-Lung-Ti ont obtenu leur fameuse réussite uniquement grâce à leur qualité d'assimilation de la technique et de la

science Occidentale. Toutefois, le leader de l'avenir sera celui qui parviendra à unifier la mentalité scientifique Occidentale et la mentalité Orientale, et qui fera faire un saut sans précédent à la science et aux idées Occidentales (l'assimilation technique ne sera pas suffisante).

8. Les Chinois ne sont ni individualistes ni égocentristes. Ils nous paraissent pourtant quelquefois extrêmement individualistes, puisqu'ils n'ont pour héritage que la conception du monde du Principe Unique et que celle-ci n'est pas adaptée à la vie pratique, n'a pas évolué et ne s'est pas fortifiée.

9. La Chine contribuera à coup sûr dans l'avenir à l'édification d'un état mondial spirituel sans précédent. Cette réalisation sera accomplie par un grand homme tel que Genghis-Khan, Shih-Huang-Ti, K'ang-Hsi-Ti ou Ch'ien-Lung-Ti.

10. La création de cet état mondial sera très facile quand il apparaîtra un homme qui appliquera ce principe unificateur millénaire au monde d'une manière universelle.

Enfin, je retransmets les paroles exprimant les idées et le caractère du peuple Han. Ce peuple possède la pensée de Lao-Tseu dès sa naissance, et obtient celle de Confucius après sa naissance, et cela est le fondement de ses idées et de son caractère. Ces paroles ci-dessous sont un bon miroir qui m'amènera à réfléchir sur mon impatience :

— « Lorsque l'on est sur le point de perdre au jeu d'échecs, contrairement à ce qui devrait se produire, l'on trouve tout de même très souvent une stratégie victorieuse ».

— « Reculez d'un pas et réfléchissez ».

— « L'homme sage évite de s'exposer au danger ».

— « L'homme sage ne lutte pas, mais s'il lui arrive de lutter, alors il est victorieux ». (Selon LIN-YÜT'ANG, les questions en litige sont résolues à 95 % sans avocat.)

— « Parmi 36 stratégies, la meilleure d'entre elles est la fuite. La victoire appartient à celui qui est battu ».

Les particularités de la race Han que je voudrais sans faute acquérir sont la modération, la simplicité, l'amour de la nature, la générosité, la patience, l'assiduité, l'économie, l'humour.

— « Bienheureux les doux, car ils possèderont la terre ».

— « Le choix le plus noble, c'est la paix ».

Être profondément pacifiste, c'est l'attitude du détenteur parfait de l'Ordre de l'Univers.

Quand je voyage en Chine et en Mandchourie, j'admire chaque fois la douceur, le pacifisme, la politesse des habitants, même lorsque j'achète des petites bricoles. J'incline toujours la tête avec admiration devant la population d'un grand pays à l'histoire vieille de 5.000 ans. Par contre, au Japon, on dit que les clients sont doux et polis alors que les commerçants et vendeurs donnent une impression de froideur insolente et nerveuse. Toutefois, je n'aime pas la douceur diplomatique et superficielle. Tous les véritables détenteurs de l'Ordre de l'Univers donnent aux gens une impression de douceur et de pacifisme dans leur attitude. Je ressens une grande nostalgie pour le monde de ces enfants environnés de douceur et qui ne provoquent nul désagrément. Cette douceur là est la vraie douceur.

13. DIALOGUE AVEC UN ÉTUDIANT
(LE MALHEUR ET LE BONHEUR)

G. O. — Nous allons passer de nouveau en revue ce que l'histoire métabiologique de la Chine vieille de 4.000 ans nous enseigne.

Le Principe qui gouverne toute vie, la prospérité et la décadence d'un individu, d'un peuple ou d'un état est éternel et infini. L'histoire de la Chine durant 4.000 ans (cette grande scène qu'est un pays ou de nombreux états et des millions d'individus se sont agités, puis ont disparu) nous prouve le caractère éternel de ce principe dont je parle sans cesse, ce principe pratique et infini du Yi-King de Fou-Hi.

— J'ai très bien compris. Mais il est extraordinaire que ce Principe Unique soit une vérité valable à la fois pour le monde infini et éternel et pour le monde infinitésimal des microbes, molécules et électrons.′

G. O. — L'éternité, l'infini, l'absolu, le spirituel, la simplicité et Dieu sont d'autres noms de la vérité MAKOTO. Le monde relatif est complexe, limité, c'est un monde illusoire qui n'a que l'épaisseur du papier et se trouve entre le passé éternel et l'avenir infini. C'est dire qu'il est comme une feuille de papier imaginaire qui aurait une longueur et une largeur infinies.

— Alors ce que l'on appelle l'homme ou l'individu n'occupe que quelques milliardièmes de la surface de cette feuille de papier imaginaire ?

G. O. — C'est cela, moins de 2 milliardièmes, ou plutôt $1/\infty$.

— S'il en est ainsi, l'existence de l'homme n'est plus qu'un point géométrique...

G. O. — Exactement, et non seulement l'homme, mais aussi le soleil, Cyrus et le monde de la lumière dont on dit que le rayon est de plus de 1 milliard d'années-lumière. Tout cela est égal à $1/\infty$.

— Pourtant il me semble que l'espace et le temps ont certainement une longueur et une largeur...

G. O. — Parce qu'on les mesure à l'échelle de l'être vivant.

— Ah vous avez raison, puisque notre vie est limitée...

G. O. — Voilà, c'est cela. Maintenant quel est le deuxième problème dont l'histoire de la Chine nous donne la solution ?

— ... J'avais compris, mais à présent je ne comprends plus le bonheur, ce qui pourtant paraît évident. Est-ce que le bonheur existe vraiment en ce monde qui a l'épaisseur $1/\infty$ d'une fine tranche de jambon ?

G. O. — Voilà, voilà, le problème, c'est le bonheur. Le bonheur ne doit pas être limité. Une prospérité ou un bonheur limités à une heure, à un an ou à 3.000 ans ne sont en réalité que le malheur. Le bonheur se trouve uniquement dans le monde infini et libre. Ou plutôt c'est un autre nom de l'infini lui-même. Et le malheur c'est un autre nom de la limite.

— (Il s'exclame précipitamment.) Alors, tous les malheurs sont limités, c'est-à-dire qu'ils seront inévitablement résolus tôt ou tard ?

G. O. — Évidemment, puisqu'ils n'existent que dans le monde limité...

— Quelle chance ! Mais alors pourquoi sentons-nous parfois que notre malheur est grand et durable ?

G. O. — Les malheurs paraissent d'autant plus importants et interminables que la personne est petite.

— Mais oui, bien-sûr, vous voulez dire que la grandeur du malheur est inversement proportionnelle à la grandeur de la personne ?

G. O. — C'est cela ! L'on sera d'autant plus poussé et élevé vers le monde de l'infini que le malheur sera long. Le monde de Confucius et celui de la science sont un chemin étroit et épineux, tandis que la grande voie du non-agir de Lao-Tseu est la grande liberté. La voie de Tagore à l'opposé de celle de Gandhi, la voie des gens de foi à l'opposé de celle des scientifiques présentent le même contraste.

— Ah mais je suis encore perdu. Je ne comprends plus... Une personne qui paraît vraiment heureuse et qui pourtant est malheureuse, cela existe-t-il ?

G. O. — Tu vois tout jusqu'au bout à travers ta demeure légale, c'est-à-dire ce monde limité. Il y a beaucoup de gens très malheureux au fond en dépit des apparences. On pourrait dire plutôt que tout bonheur qui apparaît en général aux yeux des gens est en réalité sans exception le malheur : Richesse, situation, renommée, beauté, corpulence, force, connaissances, etc... tout cela n'existe que dans le monde limité et disparaîtra un jour ou l'autre.

— Franchement, c'est là que je ne comprends pas...

G. O. — Alors tu ne pourrais pas devenir un Kamikazé...

— Si, si, même moi en cas d'urgence je le ferai. Tout le monde est prêt à mourir pour sa patrie...

G. O. — Ça, je n'en suis pas sûr. Si c'est vrai, peux-tu vraiment mourir avec le sourire ? Ta mère n'a-t-elle pas pleuré lorsque ton frère a disparu dans la mer de

Salomon au mois de Novembre de l'année passée ? Peux-tu mourir un vrai sourire aux lèvres et non le visage pâle et crispé ? D'un cœur léger, en disant à tes amis : « Eh, je m'en vais avant vous, excusez-moi et à bientôt », comme si tu les quittais pour aller au restaurant ?

— Eh bien oui, je le ferais...

G. O. — C'est cela qui n'est pas bien, tu as l'air de le dire à contre-cœur. Au fond tu n'en as pas envie. Les soldats Anglais tirent au canon en sifflotant et la pipe aux lèvres.

— Mais cela doit être parce qu'ils ont un caractère cruel...

G. O. — Çà, j'en doute. Mais ça ne fait rien. Le vrai bonheur a une grandeur infinie, une longueur éternelle, c'est la liberté, c'est l'absolu. C'est le monde où l'on peut s'amuser comme on veut et tant qu'on veut sans être influencé ni contrôlé par des conditions extérieures ou des personnes extérieures, quelles qu'elles soient. Et l'on se moque des apparences, qu'il s'agisse d'un vaste palais en or ou d'une simple paillotte. Il nous suffira d'avoir l'état d'âme de la certitude absolue et de l'indépendance, et d'être dénué de toute crainte. Évidemment, les gens qui se contentent d'un bonheur éphémère et limité sont bien tels qu'ils sont. Il n'y a qu'à les laisser faire, puisqu'ils chercheront tôt ou tard le vrai bonheur...

— Alors votre conclusion est : tout est bien tel que c'est ?

G. O. — Il faut laisser faire les autres. Accomplissons notre propre bonheur d'abord, c'est ce que je veux dire. Quoi qu'il en soit, je crois que tu as compris le problème de l'origine du bonheur que cette histoire de 4.000 ans nous enseigne : le bonheur est long (infini), le malheur est court (limité). Autrement dit, la paix est longue et la guerre est courte. L'homme s'écarte encore et toujours de cette longue paix. On prend par négligence ce monde qui n'est qu'une parcelle du monde de la vérité pour le monde unique. On peut le comprendre en jetant un regard sur le graphique des 4.000 ans d'histoire de la Chine qui se trouve au début de ce livre. La période de paix est longue et la période de guerre et de confusion est courte. Et même dans cette période de guerre, le véritable combat ne prend qu'une partie infime du temps.

Les grandes batailles n'ont lieu au maximum qu'une fois tous les quatre mois. Dans les guerres de Chine, même quand elles durent 10 ans, le combat réel lui ne dure qu'un ou deux mois ou même seulement une heure. Le bonheur est tout près de nous, comme l'air, il nous enveloppe de 10 ou 20 couches, il traverse toutes nos cellules à une vitesse terrible. Le malheur n'est que l'ignorance de tous ces faits. Puisque le corps est limité, il ne peut échapper au monde du malheur. Toutefois, le spirituel, étant infini, peut atteindre le monde du bonheur n'importe quand. Mais on peut dire plutôt que c'est le spirituel lui-même qui est le monde du bonheur.

— Je ne sais plus si je comprends ou non. Tout s'embrouille dans ma tête.

G. O. — Ah, ah, ah. Arrivons-en au 3e et dernier problème. C'est la prédiction de l'avenir ou la mission d'un individu, d'un peuple, d'un pays et de l'humanité toute entière. Comme le graphique nous le montre, l'histoire de la Chine pendant 4.000 ans nous montre ce qui va arriver dans l'avenir. Dans le graphique il y a 7 grandes montagnes et 7 vallées profondes et petites. La montagne, c'est l'époque de la paix. Mais si on les regarde au microscope, on distinguera sur chaque montagne une dizaine ou une centaine de petites vallées. La vie d'un individu pendant 50 ans présente de la même façon 5 ou 7 montagnes et vallées. Les vallées 4 et 5 sont les dernières ou les avant-dernières, beaucoup de gens meurent à cette époque, c'est pourquoi on l'appelle année néfaste. La hauteur de la montagne équivaut à 8 ans chez les hommes et 7 ans chez les femmes. Chez l'homme, l'année néfaste se place 3 ou 4 ans avant ou après l'âge de 40 ans, chez la femme, 3 ou 4 ans avant ou après 30 ans.

— Eh bien, je voudrais connaître enfin votre prédiction sur l'avenir de l'humanité. Combien de temps la guerre durera-t-elle encore ?

G. O. — Tu ne comprends pas encore tout-à-fait le Principe Unique. Il n'y a rien à faire, l'avenir de l'humanité est inscrit sur ce graphique. Le présent est la côte descendante qui débute en 1900, et nous sommes au bout. Donc la côte montante va commencer. La grande montagne se forme. Le communisme et le socialisme en étaient les signes avant-coureurs, et nous entrons maintenant vraiment dans cette période. Si nous nous référons au début de cette Histoire, nous constatons que les montagnes deviennent de plus en plus basses, et les vallées de plus en plus longues.

Notre époque est le point de changement. Les guerres sont de plus en plus courtes, la paix de plus en plus longue. C'est pourquoi notre époque est la période la plus longue de la guerre. Le conflit Sino-Japonais durera 6 ou 7 ans. La guerre du Pacifique est en réalité une guerre sans précédent dont la première scène était la guerre Russo-Japonaise. Ainsi le conflit entre l'Est et l'Ouest a commencé 2.000 ans après le début de l'histoire de l'humanité. Une longue montagne de paix existait entre l'Est et l'Ouest, les expéditions de Genghis-Khan en Europe en furent l'épilogue. Cet épilogue a duré 700 ans. Plus grande est l'étendue de la scène, plus longue est sa durée. Dans l'univers astronomique, l'espace est encore plus grand et le temps plus long. Pourtant les vagues yin et yang s'y manifestent toujours. La guerre du Pacifique et la guerre mondiale dureront encore une centaine d'années. En comptant les petits conflits qui auront encore lieu après, cela fera 200 ans. Entre-temps, il y aura des petites montagnes de paix. Puis ces montagnes deviendront de plus en plus grandes. Les pays Occidentaux qui virent beaucoup de guerres au cours des siècles passés les ont rendues plus violentes et plus cruelles. Leurs inventions de poudre et d'armes à feu ont changé les formes de la guerre un peu légendaire que l'on rencontre dans l'histoire de la Chine. Au début, c'était une compétition de lutteurs individuels. Ensuite, c'est devenu une guerre de groupes. A présent on en arrive au point extrême de la guerre totale. Et c'est l'époque où tout dépend de la capacité des individus. Cette fois-ci, la guerre dépendra du leader d'un pays et de sa compréhension du Principe Unique plutôt que de la force pure d'un pays, de son armée et de son matériel. C'est une guerre entre différentes conceptions et compréhensions du monde. Voici une autre vague yin-yang, et une guerre véritable et amusante va débuter. La guerre des armes et de la violence n'est pas décisive. C'est ce que l'histoire de la Chine nous enseigne.

— Alors le bonheur qui est l'ultime et unique but de l'humanité n'est-il jamais présent pour toujours ?

G. O. — Non, on peut dire que cela n'arrive jamais.

On peut dire aussi que le bonheur est toujours là. Seulement on ne le reconnaît pas. Le problème est ramené à cette question. Qu'est-ce que le bonheur ?

— C'est vrai, je comprends. Voulez-vous me dire encore une fois simplement ce qu'est le bonheur ?

G. O. — Être poussé et noyé par la vague yin-yang (la vie) en luttant quelquefois à contre-courant, c'est le malheur. Par contre, s'amuser joyeusement sur cette vague, c'est le bonheur. Qu'en penses-tu ? Le bonheur n'est donné qu'à la personne qui est entraînée à la souffrance (GYO). Quand on a accompli le GYO, on peut sauter d'une montagne à l'autre. Ce serait le secret merveilleux du bonheur. Toutefois, lorsqu'on ne peut agir ainsi, mais si l'on peut descendre et monter une montagne avec volonté et de toutes ses forces en s'amusant, alors on est sur le chemin du bonheur.

— Alors quelle est la méthode pratique pour y parvenir ?

G. O. — Ce n'est pas difficile du tout. Il n'y a qu'à assimiler la vieille conception du monde que l'on trouvait en Extrême-Orient. C'est le principe de MUSUBI, c'est-à-dire de la transmutation Yi-King. Si tu penses que c'est trop vague, trop insaisissable, alors tu n'as qu'à appliquer le Principe Unique qui a une interprétation simple, moderne et pratique et qui ne nécessite pas de connaissance.

— Mais plus pratiquement encore ?

G. O. — C'est de retrouver le Principe Instructif de la vie alimentaire. Établir la santé, l'ordre physiologique. C'est ce que je n'ai cessé de répéter jusqu'à la lassitude. Je n'en parlerai donc pas ici.

— Comment peut-on obtenir un ordre nouveau dans

le monde en collaboration avec tous les peuples existents ?

G. O. — Avant tout, chacun doit s'efforcer de recouvrer la santé ; quant aux états, ils doivent changer de politique et de système d'éducation. En ce qui concerne le Japon, il faut le « re-japoniser » selon les paroles du docteur Fresne. La grande politique et les grands projets ne sont pas faits par l'ensemble des personnalités d'un pays. Il ne suffirait pas de réunir cent ou mille musiciens pour obtenir la musique de Beethoven. Tout dépend de chaque individu. La santé de chacun est à l'origine de la paix de la famille, de l'état et du monde. C'est la première condition. Il n'y a qu'à retrouver sa meilleure forme et laisser tomber le reste. Il suffit d'établir la santé spirituelle et corporelle. Si l'on fait ainsi, on obtiendra un ou deux grands leaders par état ; si ceux-ci s'unissent, ils créeront une nouvelle union internationale. Dans les relations ou les conflits entre peuples, ce qui compte finalement n'est ni la force armée, ni la force d'union, ni la puissance intellectuelle, ni la force matérielle, ni la politique de protection ; c'est celle qui a la meilleure constitution corporelle et le meilleur jugement qui l'emportera toujours. La force corporelle et le jugement s'expriment en totalité dans l'unification de la vie quotidienne. Qui a découvert la pensée dans le cerveau par autopsie et quand l'a-t-on fait ?

La frontière entre l'Orient et l'Occident, c'est l'homme qui l'a créée volontairement, mais elle n'existe pas réellement.

N'est-il pas merveilleux que le peuple Han s'implante et se développe toujours de façon magnifique là où il se trouve, abandonnant pour un temps son propre pays aux mains des envahisseurs étrangers ? On constate par exemple ce phénomène à Formose que les Japonais ont occupé, cultivé et très bien gouverné, mais au prix incroyable d'innombrables vies humaines et d'une immense fortune. 5 % des 5 millions d'habitants de Formose sont Japonais, le reste est de race Han. Le peuple Han ne va-t-il pas réaliser une grande famille universelle et un état mondial en occupant les mères-patries des nations puissantes, et celà lorsque ces dernières seront tombées dans le piège que représentent les vastes terres Chinoises, ce qui les conduira au malheur et au suicide ?

C'est ce que nous avons vu lors de l'occupation des Hans par les Mandchous. Bien que les Hans eurent admis l'administration de la dynastie Mandchoue Ch'ing qui dura 300 ans, ils parvinrent à ruiner les Mandchous au moment même où l'invasion était complète et touchait à sa fin. En fin de compte cela n'est-il pas le fait de la capacité corporelle et spirituelle d'individus entraînés et fortifiés par le Principe Instructif de la vie découvert par Fou-Hi ? Ce qui importe donc, c'est d'assimiler ce principe par la pratique dans la vie quotidienne. Je suis convaincu que l'ordre nouveau du monde s'établira une fois résolus tous les conflits entre la Chine et le Japon ainsi que ceux de tous les autres pays. La politique et les projets édifiés par des gens qui ne connaissent pas bien la conception du monde de ce Principe Unique, serviront sciemment à retarder l'unification et la collaboration entre tous les pays. Des leaders habiles sont actuellement au Japon en train de rechercher une possibilité concrète d'unification.

J'espère qu'ils trouveront rapidement une bonne idée. J'espère, et je suis sûr, que le premier but de leurs projets sera d'établir et de proposer une méthode pratique pour vivre avec « une âme saine dans un corps sain », et ceci pour chaque individu, notamment pour chacun des leaders responsables du monde. C'est important et urgent. En attendant, nous nous efforçons d'établir une vie alimentaire correcte selon le Principe Unique et ce qu'il représente. C'est le côté pratique de ce que les leaders recherchent.

Hier, un militaire, officier supérieur, m'a rendu visite. Il y a deux ans il était dans un état pitoyable, on le jugeait condamné et il était mourant. Il a suivi très strictement les directives de l'alimentation saine et merveilleuse de la Macrobiotique, et en quelques mois, il était méconnaissable, actif, jeune, complètement guéri. Il vient d'achever une mission de deux ans dans le Pacifique. Pendant ces deux ans il n'a jamais été malade. Il n'a pas connu la malaria, la fièvre ni même la dysenterie. Au contraire, il a beaucoup rajeuni.

Chacun n'a qu'à mener une vie macrobiotique, car le but final en est l'accomplissement total de l'individu. Il faut établir l'ordre dans la vie quotidienne. Tant que l'on garde en mémoire ce principe, on ne risque pas de subir le sort des Mongols, descendants de Genghis-Khan, ou des Mandchous qui ont disparus après avoir été assimilés par les Hans. Cela est facile, surtout à notre époque où les communications modernes nous permettent de réaliser n'importe quoi, rapidement et joyeusement. Voilà l'importance de n'être qu'UN avec le Créateur, par la participation à l'Ordre de l'Univers, le Principe Instructif yin-yang.

— Alors la loi d'identité du corps et de la terre est une vision très large. Je croyais que n'importe quelle race étrangère serait assimilée par la race du pays.

G. O. — C'est la liberté permise à l'homme. L'homme

heureux est libre et indépendant, il sera donc maître de lui où qu'il aille. Il n'y a aucun souci à se faire pour lui.

— En définitive, il n'y a qu'à saisir toujours plus profondément la forme essentielle et primordiale du grand Yi-King de Fou-Hi.

G. O. — Oui, mais en tant que vie pratique de chaque instant. C'est bien de l'établissement de l'ordre dans la vie quotidienne que je parle.

— On s'est moqué de moi à cause de ma façon de saluer, et on m'a dit : « On voit ainsi à quel niveau tu es, tu n'as pas encore bien assimilé l'Ordre de l'Univers ». J'ai bien compris qu'on peut juger la compréhension du Principe Unique chez un individu simplement par un de ses gestes, une petite salutation, etc... Je suis par exemple affolé que cet ordre se retrouve même dans la façon de porter la nourriture à sa bouche, de la mastiquer, etc... A vrai dire, je suis heureux de cela, car je pourrai aller partout dans le monde si je progresse dans la compréhension du Principe Unique. Je pense que mon frère qui étudiait ce Principe est mort sans regret pendant la bataille de Salomon.

G. O. — Tant mieux. Oui, même s'il n'y a qu'une personne qui réalise cette compréhension, le monde sera sauvé. Viens, nous allons déguster un repas macrobiotique d'herbes sauvages, ces « herbes du bonheur » spécialement préparées par une cuisinière macrobiotique, Mme M...

— Bien, je vais vous aider au service du repas.

G. O. — C'est très bien, mais fais attention, ne démontre pas ton manque de compréhension de l'Ordre de l'Univers en laissant tomber du potage...

— Ayez confiance, je ne suis pas si bête ni si maladroit. Je fais tous les jours le ménage à la maison depuis que je vous ai rencontré et que j'étudie sous vos directives. Ma mère et ma sœur sont stupéfaites.

G. O. — Très bien, très bien, mais je verrai maintenant tes progrès. N'abuse pas de l'Ordre du Temps !

— Aïe ! Encore un mauvais point...

POSTFACE

Par cette histoire de la Chine, j'ai montré l'intérêt et l'utilité de la compréhension du principe MUSUBI, ou principe du vieil Yi-King Chinois. J'ai également montré dans « Le Jugement de Pasteur » comment le Principe Unique nous fait découvrir des choses importantes, à partir du récit de la vie d'un individu.

J'espère que ceux qui étudient le Principe Unique ont compris à la lecture de ce petit livre l'avenir de la guerre du Pacifique, de la guerre mondiale et des futures relations Sino-Japonaises. Vraiment la Chine est faible et le peuple Han semble toujours perdre les guerres. En d'autres mots, cela prouve que ce peuple est totalement pacifique. Le docteur KLAGES affirme que la civilisation Occidentale qui gagne une guerre et conquiert la nature est une meurtrière folle et déchaînée. Les guerres qui sévissent partout à l'heure actuelle ne sont qu'un abominable massacre et une destruction sans précédents dans l'histoire de l'humanité. Ce sont les armes modernes qui sont à l'origine de ces guerres.

Si l'on compare la cruauté des guerres actuelles aux expéditions de Genghis-Khan ou BATU, on constate qu'elles ont très peu de points communs. Le docteur

Maurois dans la préface de « La mobilisation de la science » dit : « La science est une arme meurtrière extrêmement dangereuse ».

Toutefois, le Principe Unique nous enseigne les causes inévitables de l'apparition de cette cruauté et nous apprend qu'elle n'est pas nécessairement le fait des inventeurs de la guerre moderne, mais qu'elle existe aux fins fonds de notre nature. Et le sens premier du Principe Unique nous enseigne à acquérir une maîtrise totale face à ce terrible danger et par conséquent à obtenir par là-même la paix mondiale.

La science nous a conduit à une misère sans précédent dans l'Histoire de l'humanité malgré son affirmation-espoir de l'établissement du bonheur de tous. Il est très intéressant et très utile d'étudier en détail la nécessité et le destin de la science, mais j'en parlerai en une autre occasion. J'en parle déjà partiellement dans les livres suivants : « La Nouvelle Hygiène », « Le Dernier Vainqueur » et « Le Jugement de Pasteur ».

Ce sujet est nettement abordé dans les livres suivants : « La Nouvelle Tendance de la Médecine Occidentale » du Docteur Alandie, « L'Homme cet Inconnu » d'Alexis Carrel, « La Biographie de Gandhi » et « Vivekananda » de R. Rolland, « L'Orient et l'Occident » de Tagore, etc...

Il y a également les critiques sévères de la civilisation scientifique exprimées par Nietsche, Spengler et Klages. Les livres de KOU-FUN-MING et de LIN-YÜTANG sont également des critiques de la civilisation Occidentale exprimées d'une façon très digne et douce à la manière du peuple Han.

Bref, la science nous a apporté beaucoup de malheurs alors qu'elle nous avait promis le bonheur. On constate surtout la mauvaise santé des peuples scientifiques, la peur, les dégâts provoqués par la médecine et l'hygiène, et ces dégradations sont plus graves, plus nocives que n'importe quel autre dégât causé par la civilisation Occidentale. Malheureusement les Extrêmes-Orientaux ne sont pas encore à l'âge où ils pourraient critiquer profondément la civilisation scientifique.

Actuellement les peuples d'Extrême-Orient qui sont assez enfantins sont très épris de cette civilisation occidentale et désirent l'accueillir. Lorsqu'un Occidental lui recommanda l'autopsie du cadavre d'un condamné à mort, K'ANG-HSI-TI refusa par ses paroles : « On ne peut jamais blesser même un cadavre, car ce sont nos parents et Dieu qui nous ont donné notre corps ». Et pourtant, même ce sage traditionnaliste étudia profondément la géométrie, les mathématiques, l'astronomie, la physique et la chimie. Il est donc bien naturel que nous devenions aveugles devant les splendeurs de la science. Cependant la science tant estimée aujourd'hui et son âge d'or qui ont conquis le monde auront une gloire éphémère comme la dynastie des Yüan ou des Ch'in, et le jour de son déclin est proche. Très probablement il viendra d'ici une cinquantaine d'années. Celui qui accélèrera la chute devrait être le peuple d'Extrême-Orient qui à cause de cette science a vécu dans la plus grande misère. Gandhi l'avait déjà clairement prédit. La guerre du Pacifique trouve sa vraie valeur dans sa mission de développer la civilisation scientifique. C'est pour cette raison qu'il n'y a pas de chose plus importante que la collaboration culturelle des pays d'Extrême-Orient. C'est une collaboration indispensable à toute l'humanité. Cette réalisation ajoutera la plus grande page de lumière et d'amour à l'histoire de l'humanité. Il va de soi qu'il s'agirait d'une compréhension totale et parfaite encore jamais atteinte.

Parmi ces pays, le Japon, qui se situe le plus au Nord-Ouest (région Yin), se bat contre les Américains et les Anglais avec toute sa force militaire, tandis que l'Inde au Sud-Ouest (région yang), suit la loi de non-violence (Ahimsa), ce qui crée la complémentarité nécessaire d'après le Principe Unique. Mais qui donc réalisera pour la première fois dans l'histoire de l'humanité l'unification du monde entier par la paix mondiale ? Gandhi ? X ou Y ?

Cette personne sera quelqu'un qui possédera les qualités des sept pays du monde. Nous attendons sa venue avec impatience. Il dort probablement au calme, enveloppé dans les langes maternels, ses parents doivent être deux êtres de caractère diamètralement opposé, comme ceux de Fou-Hi, de Témüjïn, qui vivent en se heurtant violemment mais qui traversent en commun les circonstances difficiles de la vie en suivant jusqu'au bout l'Ordre de l'Univers. Le père et la mère de l'Inde sont Gandhi et Tagore. Ceux de la Chine sont Confucius et Lao-Tseu. Ceux du Japon TAKAMUSUBI (Yang) et KAMIMUSUBI (Yin).

Le père et la mère de l'Asie sont le continent Asiatique et les îles du Japon. Le père et la mère de toutes les idées sont l'Occident et l'Orient. Tout cela souligne les oppositions merveilleuses du Yin et du Yang.

La prédiction est inutile, elle est glacée comme une mécanique dans la solitude de son fatalisme et son esprit d'abandon. Nous devons être les réalisateurs d'un grand rêve et d'un idéal, cela est supérieur à la prédiction. Nous devons être ceux qui président par eux-mêmes et qui réalisent par eux-mêmes. Dans ce but, nous n'avons qu'à assimiler l'Ordre de l'Univers et pratiquer son expression dans la vie quotidienne. En ce sens, j'affirme que le devoir le plus pressant est l'étude de la pratique de cet Ordre de l'Univers le plus tôt possible et pour le plus grand nombre de sujets possible. La nation qui le réalisera dans son propre pays, puis le diffusera à ses voisins et au monde entier sera la seule et la véritable édificatrice de l'ordre nouveau du monde. Ce n'est plus une prédiction, mais une affirmation. Aujourd'hui est l'âge d'or de la science, le jour se lève et la nuit tombe sur elle. Nous avons vu cependant dans l'histoire de la Chine que les dynasties, que ce soit Ch'in ou T'ang ou Ming ou Ch'ing, touchaient à leur fin alors même qu'elles fêtaient leur âge d'or et abordaient la côte descendante. Les États-Unis et n'importe quel autre pays ne font pas exception. Si l'on regarde l'histoire du Japon à travers les lunettes du Principe Unique, on comprend pourquoi ce pays a résisté 3.000 ans jusqu'à nos jours et pourquoi il s'est toujours rapidement développé sans posséder le principe du Yi-King comme les Chinois, sans religion solennelle comme les Hindous, sans la science, la technique et la superbe force militaire des Occidentaux. Le Japon a tissé et fait fondre dans sa vie quotidienne toutes les doctrines, théories, religions, toutes les techniques délicates et les forces grandioses, et il les a combinées si habilement par le yin et le yang de l'Ordre de l'Univers que la méthode analytique la plus subtile ne peut dévoiler leurs traces originelles. C'est la supériorité du Principe de MUSUBI (la combinaison et l'unification la plus grande). La supériorité de la mentalité Japonaise est son Principe de MUSUBI.

Ce Principe a fondu harmonieusement toutes les connaissances et toutes les religions dans la vie quotidienne. C'est la méthode qui consiste à mettre en pratique les directives de Confucius : « Celui qui connaît la vérité n'est pas supérieur à celui qui l'aime, et celui qui aime la vérité n'est pas supérieur à celui qui s'en amuse ». Pour ceux qui ont découvert ce Principe, les connaissances n'ont pas tellement de valeur. Ils n'ont nul besoin des techniques ou des religions, puisque ce principe est la source de toute connaissance, de toute technique et de toute religion.

Aujourd'hui les connaissances se sont développées de façon sans pareille grâce à la science. Les techniques aussi connaissent un progrès encore jamais atteint par les Occidentaux minutieux, fidèles et sincères. Les philosophies et les religions ont été fondées dans les temps anciens par les grands sages de Grèce et d'Asie et depuis 2.000 ans se sont de plus en plus perfectionnées et sont devenues de plus en plus solennelles. Le très fort courant de ces centrales électriques se propage partout sur la terre, ses lignes se croisent en désordre, se rencontrent partout, et nous arrivons au point où le grand incendie va éclater. C'est maintenant que le principe MUSUBI démontre pour la première fois sa grande utilité.

Ce principe combinera et mettra en ordre tous les fils électriques des connaissances, conceptions, techniques, philosophies et religions. Il deviendra le transformateur qui distribuera à toute l'humanité toutes les sortes et tous les degrés de lumière, de chaleur et d'énergie, qui fera briller une culture sans pareille appelée MAKOTO. Ce Principe est celui qui unifie tout en UN. C'est l'unification qui est la seule vérité éternelle, c'est le Principe Unique.

Le Principe de MUSUBI est la recréation du sanctuaire d'Apollon où fut posé le grand problème du « connais-toi toi-même » à l'humanité. (Apollon : A =

négation. Pollo... pollus = pluralité..., c'est-à-dire unification de tout). Le Principe de MUSUBI sera admiré pour toujours par l'humanité, comme le nouveau sanctuaire spirituel d'Apollon.

Une voie unique et absolue,

Une loi unique et absolue,

Une sainteté mystérieuse, unique et absolue,

C'est là la destination où tous les êtres doivent parvenir (Tennyson).

Ce poème de Tennyson ne chante-t-il pas un envol de l'esprit vers le MUSUBI, le principe de l'unification que l'on verra un jour se réaliser partout ? L'unification éternelle ne peut exister dans la conception d'un monde relatif limité et dualiste. Nous devons jusqu'au bout accepter la pluralité telle qu'elle est et combiner le Yin et le Yang qui se produisent dans cette pluralité. Nous devons au moyen de ces combinaisons produire l'électricité, l'énergie et le bonheur absolu. Nous devons introduire le monde de l'Infini et de l'Absolu, c'est-à-dire celui de Dieu, dans la vie quotidienne de l'humanité toute entière. Par cette unification, nous admirerons ensemble les phénomènes merveilleux et le bonheur de notre monde enveloppé et embrassé par l'univers (yin), par Dieu qui est infini, absolu et éternel.

TABLE DES MATIÈRES

ACHEVÉ D'IMPRIMER
EN MARS 1998
PAR L'IMPRIMERIE
DE LA MANUTENTION
A MAYENNE
N° 99-98

Dépôt légal : 1er trimestre 1998

Quelques Centres Macrobiotiques dans le monde

Allemagne	Macrobiotic Center of Berlin, Schustherusstr, 26 – D1000 BERLIN 10
Angleterre	East-West Foundation, 188 Old Street –LONDON EC1V, 8 BP
Argentine	Macrobiotica Universal, Paraguay 858 – 1057 BUENOS AIRES
Belgique	Den Teepot, 66 rue des Chartreux – 1000 BRUXELLES Centre Kimura, Predikherenlei 12 – 9000 GENT Oost-West Centrum, Conscience St. 44 – 2000 ANTWERPEN Hôtel Ignoramus, Stationsstraat 121 – B-3665 AS
Brésil	Institute Principio Unico, Plaça Carlos Gomez 60, 1er Andar, Liberdade – SÃO PAULO
Espagne	Vincent Ser, 2 General Mola-Olivar 1 – 46940 MANISES, Valencia
France	CIMO (Centre International Macrobiotique Ohsawa), 8 rue Rochebrune – 75011 PARIS Cuisine et santé macrobiotique, Pont de Valentine – 31800 ST GAUDENS Terre et partage, 4 place de l'Eglise – 67140 REICHSFELD
Guadeloupe	Michèle Weinsztok, Centre macrobiotique, 58 rue Frébault – 97110 POINTE A PITRE
Grèce	Centre Macrobiotique Hellénique, Vatatzi 25 – 11472 ATHENES
Hollande	Oost-Wes Centrum, Weteringschans 65 – 1017 RX AMSTERDAM
Italie	Un Punto Macrobiotico, via Nazionale 100 –62100 SFORZACOSTA
Israël	Macrobiotic Jerusalem, P.O. 618 – JERUSALEM 91006
Japon	Nippon C.I., 11-5 Ohyamacho, Shibuya-Ku – TOKYO 151 Osaka Seishoku, 2-1-1 Uchiawaji-Cho, Chuo-Ku – OSAKA 540

Liban	MACRODETTE (AGHAJANIAN), rue Saffine – Achrafieh – BEYROUTH
Luxembourg	Hubert Descamps, « La Moisson », rue Kettenhouscht – L-9142 BURDEN
Portugal	Carlos Ricardo Cortegaça – 2715 PERO PINHEIRO
Suède	Västergötlands Makrobiotiska Förening, Björklyckan, Hössna, S-523 97 – ULRICEHAMN
Suisse	International Macrobiotic Institute – 3723 KIENTAL Le Grain de Vie, 9 chemin sur Rang – 1234 PINCHAT (Canton de Genève)
Tchécoslovaquie	Makrobioklub, Mlynská 659 – 518 01 DOBRUSKA
Uruguay	Mauricio Waroquiers – Sierra Vista – CC 52080 – (2000) MALDONADO
USA	Kushi Institute, P.O. Box 7 – BECKET, MA 01223 G.O.M.F., 1511 Robinson St. – OROVILLE, CA 95965
Vietnam	Ohsawa House, 390 Dien Bien Phu, Binh Thanh, Thanh Pho, HO CHI MINH
Serbie	Srecko Milicevic, Custendilska 30 – 11060 BELGRADE